在游戏中成长

创意班会27课

徐利 李冰清 唐洁 等◎著

清华附中学生发展丛书

清华大学出版社
北京

图书在版编目 (CIP) 数据

创意班会27课：在游戏中成长 / 徐利等著. -- 北京：清华大学出版社，2025. 9.
(清华附中学生发展丛书). -- ISBN 978-7-302-70321-1

Ⅰ. G635.5

中国国家版本馆CIP数据核字第20250KL438号

责任编辑：肖　路
封面设计：刘　芳
责任校对：薄军霞
责任印制：杨　艳

出版发行：清华大学出版社
　　　　　网　　　址：https://www.tup.com.cn，https://www.wqxuetang.com
　　　　　地　　　址：北京清华大学学研大厦A座　　　邮　　编：100084
　　　　　社 总 机：010-83470000　　　　　　　　　邮　　购：010-62786544
　　　　　投稿与读者服务：010-62776969, c-service@tup.tsinghua.edu.cn
　　　　　质量反馈：010-62772015, zhiliang@tup.tsinghua.edu.cn
印 装 者：天津鑫丰华印务有限公司
经　　销：全国新华书店
开　　本：165mm×235mm　　印　张：15　　字　数：127千字
版　　次：2025年9月第1版　　　　　　　印　次：2025年9月第1次印刷
定　　价：69.00元

产品编号：114515-01

清华附中学生发展丛书
编审委员会

总主编

方　妍　白雪峰

编审委员会委员（按姓氏拼音排序）

本书著者

主要著者

徐　利　李冰清　唐　洁

参与著者（按姓氏拼音排序）

曹　佩	陈昱嘉	付　静	付　帅	黄芊芊	贾昊旸
江雨薇	靳姝菲	刘碧铎	刘　威	刘志杰	娄赛赛
牟晓红	聂文婷	任星阳	宋子玥	王　敏	王　鹏
王明珺	吴雪婧	邢艳茹	熊学勤	许姗姗	杨依霖
姚　佳	于　洺	张　博	张　晨	张　悦	张梦甜
郑　玮	郑中奕	钟馨愉	周维纬		

时值清华附中建校 110 周年，这座承载着世纪教育理想的学术殿堂，正以崭新的姿态迎接新时代育人的挑战与机遇。

清华附中一直致力于培养具有家国情怀、强健体魄、丰盈内心和国际视野的拔尖创新人才，注重学生全面发展与个性成长的统一。由此，我们高度重视班主任队伍建设，以多样化的形式持续推动班主任专业素养的提升，构建起"学习—实践—反思—创新"的班主任成长共同体。

《创意班会 27 课：在游戏中成长》正是这一共同体智慧的结晶。它的出版既是对学校百十载育人传统的致敬，也是对未来教育创新的积极探索。

本书突破传统班会模式，将游戏机制创造性地引入德育场域，探索出"玩中学、学中思、思中行"的育人新路径。游戏作为人类最古老的学习方式之一，其内在的挑战性、互动性和趣味性，与青少年的心理特点高度契合。当我们以游戏为载体开展班会活动，实质上是在创设一个安全、包容、开放的成长空间，让学生在其中自然而然地习得合作、尊重、责任与坚韧。

本书收入的 27 个精心设计的游戏化班会方案，既是 27 次心灵与心灵的对话，也是 27 种激发学生内在成长的可能。这些方案背后，蕴含着我们对教育规律的深刻认识：真正的教育不是单向灌输，而是双向互动；不是枯燥说教，而是生动体验；不是被动接受，而是主动探索。

值得一提的是，本书所有的方案均来自清华附中一线教师的教育实践。在清华附中班主任工作坊的组织下，经过多轮试教、反思与优化，具有极强的实操性。每个方案既详细说明了活动流程与注意事项，也深入剖析了设计理念与育人目标，为教师提供了理论结合实践的完整指导。

漫步在清华附中这座拥有 110 年历史的校园，我们能感受到时光长廊中传承的教育精神与时代创新的对话。本书正是这种对话的产物——既根植于清华附中深厚的育人传统，又面向未来教育的变革需求；既体现了班主任工作的专业性与艺术性，又展现了附中教师团队的教育智慧与创新勇气。

在此，要特别感谢相关老师的倾情付出和学校领导团队的鼎力支持，正是你们对教育创新的坚定信念与对班主任工作的重视，为本书的诞生提供了坚实的保障。

教育是生命影响生命的过程。期待这本书能够成为广大班主任教师的伙伴，携手更多教育者共同书写新时代育人的精彩篇章。让我们在创新育人的道路上继续探索，当好人民教育新示范，办好强国教育新样板，为培养担当民族复兴大任的时代新人贡献清华附中的智慧与力量！

本书作者

2025 年 9 月 4 日于清华园

目录

第三章

社会热点

创意班会 27 课：在游戏中成长

第一章

个人成长

自我认知：

绘制我的乔哈里视窗

刚刚升学的初高中学生往往面临诸多挑战，如新环境的陌生感、学习任务的加重和学业要求的提高，让他们在人际交往和时间管理、学习方法等方面手忙脚乱。与此同时，对自我、兴趣及未来发展方向的迷茫，也常常使他们情绪低落。当理想与现实出现落差时，他们容易陷入消极的情绪中，只看到自己的不足，从而忽视自身优势；看到其他同学表现出色，又会产生自卑和挫败感，渐渐失去前进的动力。

但是，乔哈里视窗模型为这些学生提供了自我认知的钥匙。这一工具可以帮助他们更好地认识自己，提升自我价值感，以积极自信的态度迎接未来的挑战。

一、班会目标

认知目标：通过乔哈里视窗模型理解个人认知的4个象限，并认识到不同区域对于自我认知的意义与作用。

情感目标：激发自我探索的兴趣，寻求个人成长的机会，树立悦纳自我和积极向上的情感态度。

技能目标：运用乔哈里视窗模型分析自己的优点、不足和潜力，明确未来努力的方向。

二、班会准备

物资准备：橘子、打印好的乔哈里视窗表格、PPT课件。

场地布置：将桌椅摆放成圆形，便于学生们交流。

三、班会主体活动

1. 热身活动（约10分钟）

课堂可通过一场别开生面的橘子游戏拉开序幕。每位学生拿到橘子后，有1分钟时间仔细观察其特点。紧接着，教师收集所有橘子并打乱，再依次传递，让学生们凭借观察到的特征找回最初的橘子。当大家都成功找回后，教师总结道："看似相同的橘子，实则各有独特之处，正如独一无二、无可替代的每一个人。"这个游戏旨在让学生在趣味体验中，认识到个体的独特性，感受不同观察角度和每个物体的独特标识，为后续活动做铺垫。

随后进入"头脑风暴，初步认知自我"环节。学生有 3 分钟时间，可以用"我是一个 _____ 的人""我能够 _____""我曾经 _____"等句式，从性格特点、兴趣爱好、学习态度、过往经历等多个方面，写下符合自身特点的关键词。就像在橘子游戏中，大家观察角度各异，认知自我同样需要多元视角。这一活动能引导学生全方位评价自己，开启初步认知自我的旅程。

> 我是一个 _____ 的人
>
> 我能够 _____
>
> 我曾经 _____

2. 认识乔哈里视窗模型（约5分钟）

课堂上，教师通过 PPT 展示并介绍乔哈里视窗模型。该模型由美国心理学家于 20 世纪 50 年代提出，是一种沟通技巧与理论。它将人际交往信息比作窗，按双方熟悉的程度分为公开区、盲目区、隐藏区、未知区，其中公开区是双方皆知的信息，盲目区是他人知而自己不知的盲点，隐藏区是自己不愿展示的部分，未知区是双方都未探知的信息。它能帮助学生全面认识自我，随后学生可以绘制自我认知的乔哈里视窗。

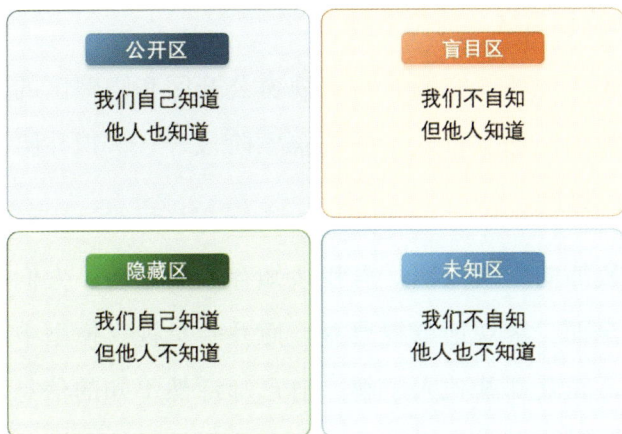

公开区	盲目区
我们自己知道 他人也知道	我们不自知 但他人知道

隐藏区	未知区
我们自己知道 但他人不知道	我们不自知 他人也不知道

◀ 乔哈里视窗模型

3. 绘制"我"的乔哈里视窗（约21分钟）

1）扩大公开区，开放隐藏区（约7分钟）

在之前的头脑风暴中，学生已初步写下自我认知关键词，这些都属于自己知道的信息。此刻，教师引导学生将这些关键词分类填入乔哈里视窗的公开区和隐藏区。公开区记录那些自己认为其他人已经知晓的特点，隐藏区则填写他人可能还不了解的部分。完成填写后，学生以小组为单位交流分享，向组员介绍自己的填写内容，真诚地展示独特的自我。

此次活动借助乔哈里视窗模型，让学生分享自己的优点从而增强自信与自我价值感；交流不足则能让学生正视自身的不完美，减少过度比较和自我苛责，以平和心态接纳自身的不足。

2）知晓盲目区（约7分钟）

在上一环节完成乔哈里视窗公开区和隐藏区的填写与交流后，课堂进入了新的探索阶段——认识乔哈里视窗的盲目区。

教师向学生点明，自我认知存在局限性，人们往往难以全面、客观地审视自身。而乔哈里视窗模型中的盲目区，正是那些他人了解，自己却浑然不知的信息。紧接着，学生以小组为单位，展开热烈的讨论交流。组员们互相评价，补充彼此未填写的特点，并将这些内容填写到每位学生乔哈里视窗的盲目区。填写结束后，学生踊跃分享自己的收获。

我一直都觉得自己挺敏感的。但是我的组员告诉我，他觉得我特别能够照顾别人的感受，尤其在班级活动中，会考虑得比较全面。我想，可能敏感也不是坏事。

我一直都觉得自己发言不够主动，但别人却认为我是一个深思熟虑、有独特见解的人。

我发现自己平时做的一些小事其实会给别人带来很大的影响，能感动温暖他人，并被记在心上。

这一活动借助同伴反馈，为学生提供外部视角，打破自我认知局限，促使学生更全面地看待自己，避免自我偏见，激发探索和发展自身潜在的能力，实现自我认知的积极转变。

◀ 探索盲目区

3）探索未知区（约 7 分钟）

在完成乔哈里视窗盲目区的填写与交流后，教师进一步引导学生深化自我认知。教师指出，自我认知是持续探索的过程，不同人评价和观察的视角各异，刚才的讨论让大家展示优点、正视不足，还发现了各自未曾察觉的优点和特质，原本的隐藏区和盲目区已转化为公开区，如今只剩下未知区。

对于未知区的含义，有的学生认为它是未被发掘的潜力，如同冰山隐匿于水下的部分；有的学生觉得它代表未来的可能性，毕竟大家还在成长，未来充满变数。教师肯定了他们的观点，指出未知区的确意味着尚未发掘的潜能与可能性。随后，教师让学生在未知区写下希望未来拥有的特质或期待完成的目标，描绘自己对中学生活的美好愿景。

此活动通过引导学生思考未知区，将未来生活的愿景与之相连，激励学生努力成长、挖掘潜能，让学生对未来满怀期待，增强自信与幸福感。

四、讨论与反思

该课程巧妙地开启了自我认知探索之旅。从趣味盎然的"我的橘子"游戏入手，让学生在亲身体验中感悟个体的独特性。随后绘制乔哈里视窗模型，学生依次探索开放区、隐藏区、盲目区和未知区，全方位了解自我。

在分享交流环节，学生敞开心扉，勇敢展示自己，虚心接受他人反馈。这不仅帮助学生深度认识自我，还培养了他们欣赏和尊重他人的意识。课堂上开放包容的氛围为学生未来的成长注入活力。这样的班会课不只是教学的尝试，更是一场心灵交流与成长的盛会，让学生在自我认知中收获满满，不断进步。

五、延伸活动

为了让班会课的成果得以巩固，使自我认知的教育真正融入学生的日常生活，可以开展"我为班级添光彩"活动。该活动以学习小组为单位，学生依据自身特长和兴趣，为班级精心策划活动，内容涵盖文化展览、才艺展示、公益活动等丰富形式。

在活动筹备与实施过程中，每个学生都能大展身手。擅长绘画的学生可以展现自己的绘画创意与技巧，有才艺的学生在才艺展示中大放异彩，热心公益的学生积极组织公益活动。这不仅让学生进一步了解自己的能力与潜力，也促进了学生间的协作，增强了班级的凝聚力和归属感，让学生在为班级贡献力量的同时，持续深化自我认知。

认知勇敢：

探究内涵，挑战自我

"**实**现中国梦是一场历史接力赛"，这一伟大征程需要新时代青年的奋勇拼搏。习近平总书记殷切勉励青年，要有理想、敢担当、能吃苦、肯奋斗，在新时代新征程中展现自信自强、刚健有为的精神风貌。

然而，初高中生作为青年群体的重要组成部分，由于在学业、新环境适应和社交等多方面承受着巨大压力，容易惧怕困难，对自己缺乏信心。他们易受挫折，缺乏抵御逆境的能力。同时，他们对于勇敢的内涵缺乏了解，对勇敢的认知停留在表层。

引导学生探索和认知勇敢的深刻内涵，能助力其直面内心的恐惧，积聚勇气的力量，增强自我效能感，勇敢地迎接挑战。

一、班会目标

认知目标：通过探讨、分享古今中外不同领域人物的勇敢故事，多维度剖析"勇敢"的内涵，归纳勇敢背后体现的可贵品质，形成对勇敢的价值认同。

情感目标： 在同伴和父母的认可与肯定中，挖掘自身的勇敢品质，激发自信心，增强自我效能感。

技能目标： 基于对勇敢的深刻理解，列出未来"挑战清单"，分析自身优势与可利用资源，合理规划，勇敢迎接挑战，展现新时代青少年的精神风貌。

二、班会准备

物资准备： 组员观察到的同组成员的勇敢事迹、家长回忆孩子勇敢瞬间的信件、PPT 课件。

场地布置： 将桌椅按小组形式摆放，便于成员交流。

三、班会主体活动

1. 热身活动（约 5 分钟）

课堂伊始，播放一段探究"何为真正的勇敢"的小视频，激发大家思考。视频中提到，真正的勇敢不是没有恐惧，而是心怀恐惧仍然前行。该视频旨在给学生提供一个新的视角，引导其重新审视自己对勇敢的定义，为后续的讨论活动做好铺垫。

- 知耻近乎勇。
  ——《礼记·中庸》

- 遇事无难易，而勇于敢为。
  —— 欧阳修

- Courage is rightly esteemed the first of human qualities, because it is the quality which guarantees all others.
  ——Winston Churchill

- The brave man is not he who does not feel afraid, but he who conquers that fear.
  ——Nelson Mandela

▶ 东西方文化中对"勇"的诠释

2. 探究勇敢内涵（约10分钟）

视频成功引入话题并激发了学生的初步思考，课堂顺势进入"圆桌会议"环节。学生以小组为单位开展活动，还可借助人工智能（AI）等工具搜索事例，从多维度探讨以下问题。

（1）你是否认同视频里提到的"真正的勇敢不是没有恐惧，而是心怀恐惧仍然前行"这个观点？谈谈你的看法。

（2）纵观古今中外不同领域人物的勇敢故事，勇敢是否仅存于"英雄的壮举"中？平凡的人是否能被称为"勇士"？

（3）请探讨支撑勇敢精神背后的其他品质或能力的重要性，如果敢、智慧、镇静和专业素养等。

随后，可以让学生踊跃分享自己的感悟。

我之前认为勇敢就是无所畏惧，特别羡慕那些不惧困难的人。现在我明白害怕是很正常的，克服自己的恐惧本身就是勇敢。哪怕事情没有做成也是勇敢的。

每个人都能变得勇敢，即使是平凡岗位上平凡的人，为了一件看似微不足道的小事而鼓起勇气去做，我觉得这样的人也很勇敢。

勇敢肯定不是盲目蛮干，而是需要冷静思考和专业素养的支撑。例如，消防员和医生必须依靠扎实的功底才能拯救生命，缺乏这些能力的勇敢可能会沦为鲁莽和草率。

这一活动能引导学生深度思考和讨论，促使学生对"勇敢"这一品质有更深刻和全面的认知，激发其挖掘自身的勇敢品质，在现实生活中鼓起勇气面对困难和挑战。

3. 发掘自身的勇敢（约 15 分钟）

1）同伴"优点轰炸"（约 10 分钟）

学生在组内轮流分享自己所观察到的其他组员身上的勇敢事迹和行为，小到坚持跑操、课上主动发言，大到公开演讲、参加全国比赛等，对组员们进行"优点轰炸"，助其提升自信。

2）家长温情鼓励（约5分钟）

教师将提前收集好的家长写给孩子的信发给学生。家长在信中回忆和分享他们眼中孩子勇敢的瞬间。学生阅读家长的信，感受家长对自己的认可、爱与鼓励，重温家长陪伴下的点滴时光。

以上两个环节借助同伴和父母的认同与肯定，引导学生认识到自身的勇敢品质，有利于学生增强自我效能感。自我效能感指的是个体对自身能否成功完成某一行为的主观判断与信念。这种判断并非凭空产生的，而是基于个体过往的经历、积累的知识技能及从他人那里得到的反馈等多方面因素综合而成的。

4. 发起勇敢挑战（约10分钟）

1）近期挑战清单（约5分钟）

学生列出近期想挑战的事项，如参加校园歌手比赛、学习游泳等。随后，在小组内讨论完成这些事所需的自身优势与资源，制订分步实施计划，提升对挑战的掌控感，强化自我效能感，进而激发完成挑战的勇气。

▲ 学生列出近期想
挑战的事项

2）勇敢迎接未来（约 5 分钟）

学生借助 AI 类工具，思考并搜索作为新时代青年，未来在不同领域将面临哪些困难和挑战？我们应该如何应对？例如，在科技创新领域，科技飞速迭代，我们是否有勇气攻坚克难，探索未知，为科技突破贡献力量？在社会发展方面，社会多元化导致观念碰撞加剧。在网络社交平台上，围绕热点事件，如性别平等、代际差异等，极易引发人们的激烈争论，而我们是否有勇气秉持理性，不被舆论裹挟？

"挑战自我"活动旨在让学生着眼于将勇敢付诸实践。先从自身的学习和生活出发，制订近期挑战清单与实施计划，强化自我效能感；再放眼未来，思考在广阔的时代背景下，作为新时代青年该如何勇敢面对挑战？此时，学生的眼界不再局限于校园，而是心系祖国，思考如何在推进强国建设、民族复兴伟业中展现青春作为，为中国式现代化贡献青春力量。

▶ 学生分享新时代青年应如何勇敢迎接未来

四、讨论与反思

该课程紧扣立德树人的根本任务，助力学生在青年发展的关键时期"扣好第一粒扣子"。勇敢，作为一种深植于人类精神的高尚品格，贯穿历史，在社会发展、个人成长等诸多领域展现出巨大的价值，能助力学生突破自我局限，直面恐惧，挖掘无限潜能。

课程设计逻辑清晰，围绕"从理论到实践""从榜样到自身"两条主线，设计新颖有趣、富有深度且契合初高中学生认知思维发展的规律，促使学生积极参与、热烈讨论，碰撞出思维的火花。活动设计层层递进，引导学生从理论学习迈向应用实践，切实对未来进行短期和长期的规划，具有高度的可行性。

五、延伸活动

为进一步巩固班会课的讨论成果，可以开展"勇者勋章"活动。该活动分三周开展。第一周，每个学生领取勇者挑战卡，在上面写下近期想挑战的事情，并将其贴在教室后墙上。第二周，学生将挑战过程用照片或文字的形式记录下来，可发在班级群、朋友圈等社交平台，并分享自己的挑战心得。之后，可将完成挑战的截图打印出来，贴在教室后墙"勇者挑战卡"的旁边。第三周，在班内举办颁奖仪式，为挑战成功的学生颁发"勇者勋章"。

活动结束后，让学生写下在本次活动中的收获及对勇敢的新感悟，进一步深化学生对勇敢的认知，激励他们在日常生活中持续践行勇敢精神。学生在完成挑战的过程中相互鼓励、交流经验，增强班级凝聚力，形成勇于探索、敢于尝试和积极进取的班级精神风貌。

自我和谐：

图解心结的妙用

"**和**谐"是社会主义核心价值观的重要组成部分，涵盖人与自然、人与社会、人与人及人与自身的和谐。其中，人与自身的和谐即自我和谐，指能正确对待自己、他人、社会、困难、挫折和荣誉，反映健康的心理状态。随着青春期的到来，学生往往内心充满纠结、迷茫甚至痛苦，如成绩带来的困扰、与父母的矛盾等。剖析和疏导学生的自我和谐问题，帮助他们缓解焦虑与迷茫、掌握自我调适的方法、提升幸福感，具有重要的现实意义。

绘画在心理学领域的价值很高，能外化心理活动，且在结合叙述的情况下更有助于学生产生顿悟。基于此，班会将绘画作为学生表达观点的方式。

一、班会目标

认知目标： 学生能够识别自我和谐问题的具体表现，

区分不同类型的自我和谐问题，并能结合自身的实际情况对自我和谐问题进行准确分析。

情感目标：培养学生积极乐观的心态，使其在面对自我和谐问题时，能够主动以正向思维去应对，提升幸福感。

技能目标：掌握通过绘画剖析自身心理状况的方法；学会从他人的经验及讨论中获得解决自我和谐问题的策略，并能将其灵活应用于实际生活。

二、班会准备

物资准备：仿照学生的口吻，以往届学长的身份写的一封"给未来自己的信"，信封、画片、PPT 课件。

三、班会主体活动

1. 导入主题（约3分钟）

班会伊始，教师配乐朗读课前准备好的信件内容，并告知学生这是往届学长在一次班会活动中写给"20年后的自己"的一封信。此次班会通过创设自然情境，将学生置于旁观者的角度，使学生跳出自我来看自身问题，从而帮助其在之后的活动中更加客观地分析问题。

致最亲爱的20年后的自己：

嘿，你还好吗？我不确定你是否能看到这封信。但我真的有很多话想说给你听。

你现在遇到了很大的挫折。小时候被老师、同学们众星捧月一般的你，现在成绩大不如前。大家一起谈论成绩时，你总摆出浑不在意的样子，这个样子让你自己都觉得反感和厌弃。只有深夜里哭湿的枕头上躺着的，才是真实的自己。

20年前的你，实在是个矛盾的个体：希望能够帮助别人或集体，却又讨厌无数次不求回报的付出；尽力为活动的成功而做各种努力，却又厌烦这一过程中的各种繁杂；会在春游中和朋友欢声笑语，又会抱怨怎么又被拉到无聊的地方去……

20年后的你，与父母的关系缓和了吗？那时候他们已经很年老了吧？也许那时候你自己都已经有了小宝宝。你会是什么样的家长呢？与你的父母一样，还是做得更好？无论如何，那时候，请多回家看看爸妈，他们一定仍然是你最割舍不下的人。

有人说"你太低调"，有人说"你难以理解"，有人说"我懂你"……20年后的你，还会为别人这样那样的话语而内心纠结吗？希望今天，你已经是真实、快乐、自信的自己。

这20年，希望你不负韶华，不负自己。

2. 分析人物，发现问题（约 7 分钟）

学生对信件进行文本分析，讨论"他"是个什么样的人。学生能够发现"他"内心的各种纠结。例如，"他"既叛逆又孝顺、既自傲又自卑、既"愿意无私付出"又"希望得到回报"。教师引导学生深入分析和总结，并将学生提炼出的、能够体现自我和谐问题的关键词写在黑板上，如"叛逆 VS 孝顺""自傲 VS 自卑"等。

黑板上列出的这些问题就是"他"的心结。这些心结体现了"他"内心的自我和谐问题，包括"他"怎么看自己，怎么处理和他人的关系，以及如何定位自己在集体中的角色。

通过生生交流与师生交流，教师引导学生发现"他"所体现的种种内心矛盾，引发学生对"他"内心的自我和谐问题的发现与思考。

3. 绘制礼物，解决问题（约 25 分钟）

教师引导学生通过绘画的形式，送给"他"一份能够缓解内心纠结的礼物。第一步，学生单独完成绘画任务；第二步，学生进行小组讨论；第三步，学生进行全班分享，讨论"礼物"的含义；第四步，全班学生对所分享的"礼物"进行点评。

经过讨论，学生绘制的"礼物"大致可分为以下三类。

第一类：调整情绪或生活态度的礼物，如"玩具箱""毛绒兔子＋哭泣的小孩＋温暖的房子""棋盘茶具""多听多看多思"。

▶（左）玩具箱
▶（右）毛绒兔子＋
　　哭泣的小孩＋
　　温暖的房子

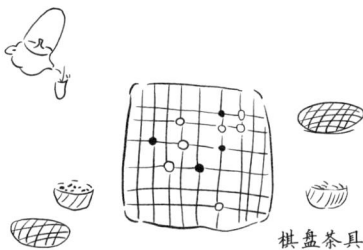

▶（左）棋盘茶具
▶（右）多听多看多思

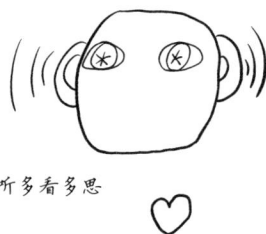

第二类：认识自我或改善自我的礼物，如"魔镜""让自己变得更好药水"。

第三类：寻求帮助的礼物，如"真心的朋友""朋友的爱心"。

魔镜

让自己变得更好药水

功能：让自己从各个方面变得更好！

◀（左）魔镜
◀（右）让自己变得更好药水

TA　　朋友

真心

◀（左）真心的朋友
◀（右）朋友的爱心

　　学生在分享礼物的含义时，实际是在进行自我心理疏导，同时也在帮助他人疏导类似的情绪。在学生分享的同时，教师根据学生对于绘画作品的解释，提炼关键词，并进行板书，如"认识自我""向朋友倾诉""珍惜美好""调整心态"，等等。最后，教师根据板书和贴在黑板上的画作，为学生总结解决自我和谐问题的各种方法。

　　在这个环节中，教师通过引导学生绘制礼物，调动学生参与课堂的积极性，同时挖掘学生的内在情绪与想法；课堂中，通过生生交流与师生交流，帮助学生了解更多解决自我和谐问题的方法。

4.角色迁移，深入总结（约5分钟）

教师通过与学生的交流和总结，带领学生逐步进行角色迁移，引导学生慢慢发现：自我和谐问题是青少年学生常见的问题；"他"实际就是自己，"他"的各种心结其实就是自己的自我不和谐的表现；自我和谐对于个人和社会的意义。

教师可以进一步进行总结，说明自我和谐是青春期孩子特别常见的问题。青春期，学生开始质疑自己，会在自我和他人、集体、社会的关系中感到迷茫。这其实正说明学生在变聪明，在开始用自己的眼睛看世界，用自己的脑袋想问题。但内心的不平和会让学生很痛苦，也影响学生的发展和进步。这时，学生可以用刚才大家提到的方法来帮助自己或身边的朋友。自我内心的平和安宁是一个人快乐幸福的源泉。

只有当我们真正能以平和、幸福的心态去面对自己、面对事业、面对身边的人和所处的世界时，我们才能拥有自我的和谐，这样才有可能拥有"我"与他人、"我"与集体、"我"与社会关系的和谐。也只有当每个人都做到自我和谐时，小到一个班级，大到一个国家，才有可能真正幸福和谐。

在这个环节，教师引导学生进行角色迁移，了解到"他"的问题实际上是"我"的问题，引发共鸣、共情与反思；通过梳理、总结之前学生提出的各种解决方法，加深学生对解决方法的认识。

四、讨论与反思

　　该课程将"和谐"的大主题和青春期初高中学生的具体情况相结合，找到了符合学生实际成长需求的切入点。该课程基于心理学中对绘画活动的研究，利用绘画方式探索学生内心的想法，效果很好。该课程根据青春期孩子重视朋友的特点，避免了教师说教，而是通过活动，用学生自己生成的观点逐步达成子目标与总目标，最终达到学生自我教育及同伴教育的效果。

五、延伸活动

　　教师请学生下课后给自己也画一份礼物。学生可以把画放在信封里，20年后找教师来取。以此，教师希望帮助学生利用课上所得，进行自我反思与帮助，进一步解决自我和谐问题。

　　以"自我和谐"为基础，后续的人际和谐、社会和谐、自然和谐等问题也都非常值得讨论。基于"和谐"主题的连续班会对青春期学生树立正确的人生观、价值观和世界观都具有重要意义。

提升自控力：

从了解大脑开始

中学阶段的学生处于青春关键期，身心急剧变化，尽管理性思维在逐步发展，但面对诸多诱惑与压力，常因自控力不足引发冲动行为。例如，在学习时易受电子产品干扰，难以专注；在与同学相处中，可能因情绪冲动引发冲突。

"自控力"是个体掌控注意力、情绪和欲望的关键能力，对学生的学业进步、社交和谐及人格塑造意义深远。本次班会以"大脑的奥秘"为切入点，深度剖析大脑决策机制，使学生洞察自身行为根源，进而掌握提升自控力的有效策略，实现自我管理与成长，在青春关键期培养坚毅品质与良好习惯。

一、班会目标

认知目标：结合自身经历，剖析大脑决策，理解"自控力"的内涵，构建自我认知体系。

情感目标： 增强自我认知深度与接纳程度，塑造良好的心理状态，提升应对挑战的信心。

技能目标： 积极参与体验与研讨，能够掌握并运用多元方法，有效管控行为与情绪，养成良好的行为模式。

二、班会准备

物资准备： 班会用 PPT，足量白色、黄色、粉色的小纸条，小组阅读书籍《认知觉醒：开启自我改变的原动力》（周岭，人民邮电出版社，2020）（简称《认知觉醒》）。

场地布置： 科学分组，促进学生互动协作；挑选适宜冥想的轻音乐，营造宁静的氛围。

三、班会主体活动

1. 热身活动（约 5 分钟）

班会开始，教师组织学生进行"情景选择大挑战"游戏。教师在 PPT 上展示一系列生活情景，如"晚上写作业时，手机突然收到好友的游戏邀请，此时你会怎么选择？""今天中午吃健康食品还是高热量油炸食物？"等。展示完每个情景后，让学生举手选择不同的应对方式。游戏结束后，教师总结："这些情景是我们在生活中会面临的各种各样的选择，我们每个人都做出了选择，或者说是我们的大脑做出了不同的决策，今天我们就一起来探索大脑的奥秘。"

2. 认识大脑决策机制（约5分钟）

教师通过 PPT 展示大脑的 3 个主要区域，对应本能脑、情绪脑和理智脑这 3 个部分，并介绍它们的起源和主要功能。本能脑源于爬行动物时代，主管本能；情绪脑源于哺乳动物时代，主管情绪；理智脑源于灵长动物时代，主管认知。

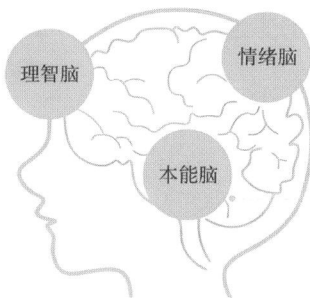

主要部分	大脑区域	功能
本能脑	脑干、小脑	主管本能，如生存、繁衍等基本需求
情绪脑	杏仁核、下丘脑和海马体	主管情绪，如恐惧、愤怒等基本情绪
理智脑	前额叶皮质	负责高级认知，如逻辑推理、抽象思维、自我控制等

▶ 大脑区域示意图

大脑的这 3 个部分在我们做决策时都起着重要作用，接下来我们将深入了解它们是如何影响我们的行为和自控力的。

3. 深入探索大脑与自控力（约25分钟）

1）对比不同的决策思维（约7分钟）

教师拿出之前准备好的白色、黄色、粉色小纸条，引导学生进行活动。首先，让学生在白色小纸条上写下此刻内心最渴望做的事情。学生们纷纷动笔，写下如"玩手机游戏""看小说""吃零食"等内容。

接着，教师让学生在黄色小纸条上写"此刻我能不能_____"，在粉色小纸条上写"此刻我应不应该_____"，并在横线上填写刚才所写之事，给出"能不能"和"应不应该"的答案，详细阐述理由并进行小组讨论。

填写完毕后，教师组织小组对比分析"能不能"和"应不应该"两种设问方式下，大脑思考方式的差异。

回答"能不能"时，大脑的即时反应就是好玩的就能，不好玩的就不能，应该激活的是本能脑和情绪脑；回答"应不应该"时，大脑思考半天，我们才能做出决策，应该是理智脑在起作用。

"能不能"更多是从自己当下的意愿和一些简单的外部条件考虑，如时间够不够、有没有限制；而"应不应该"会从更全面的角度思考，如对自己未来的影响、对周围人的影响等，是更理性的思考。

大家分析得很到位。通过这个活动，我们发现，不同的思考方式会导致不同的决策，这背后其实和我们大脑的不同决策机制有关，我们进一步来探究。

班会上，教师巧妙地运用不同颜色的小纸条设计趣味活动，充分激发学生的参与热情，降低抵触情绪，引导学生在书写与思考的过程中，敏锐察觉不同设问引发的决策差异，激发其探索自身心理与行为的浓厚兴趣。

2）理解大脑决策奥秘（约8分钟）

各小组带着问题阅读《认知觉醒》并思考：大脑决策时，大脑的这3个部分中，哪个部分最强大？哪个部分最弱小？为什么？

本能脑和情绪脑存在的时间很长，在漫长的进化过程中，它们形成了追求即时满足的天性。而理智脑出现的时间相对较短，力量比较薄弱，所以很多时候，本能脑和情绪脑更容易占上风，导致我们难以自控。例如，我明明知道熬夜玩手机不好，但就是忍不住。这就是本能脑和情绪脑在起作用。

我们组发现"明明知道……但是"这个句式很能体现大脑这3个部分之间的冲突。例如，我明明知道要早起背单词，但是不想离开温暖的被窝，最后还是睡过头了。这就是理智脑输给了本能脑。

通过阅读和大家的分享，我们知道了理智脑在和本能脑、情绪脑的对抗中常常处于劣势。但这并不意味着我们无法改变，提升自控力的关键就是让理智脑变得更强大。

教师可以利用问题引导，使学生通过阅读进一步理解大脑决策机制；结合生活实例分享，促使学生将理论知识与实际体验紧密结合，深化自我认知，增强对自身行为的洞察力与理解力。

3）探索提升自控力的方法（约10分钟）

回顾刚才的小纸条活动和大家对大脑的了解，我们应该如何帮助理智脑发挥主导作用并提升自控力呢?

以后遇到事情，多问自己"应不应该"，让自己冷静下来，启动理智脑。做决策的时候，提醒自己从多个方面综合分析，不要被本能和情绪左右。

总之，"能不能"容易引发本能脑和情绪脑的冲动决策，"应不应该"则引导我们理智思考。强大的本能脑和情绪脑太容易影响我们了，我们无须过度自责，而是可以试着和内心那个受本能和情绪驱使的自己对话。最后，教师还可以引导学生进行冥想练习。

现在请大家轻轻闭上眼睛，伴随着舒缓的轻音乐深呼吸。想象心中住着一个调皮的小孩，他代表着我们的本能和情绪。不要斥责他，温柔地告诉他提升自控力、延迟满足会有更好的收获，鼓励他和我们一起努力。

冥想结束后，让各组通过进一步阅读和讨论，制作本组的提升自控力小贴士，这些小贴士内容丰富多样，有的小组写着"制订学习计划，按计划执行，增强自律性"，有的小组提出"每次想冲动做事时，先深呼吸5次，让自己冷静下来"等，最后汇总成为班级提升自控力小贴士，贴在班级内墙进行展示。

教师在理论认知基础上，引导学生深入思考提升自控力的有效途径，通过冥想实践与方法总结，帮助学生掌握实用技巧，并借助小贴士拓展学习资源，激发学生持续学习与实践的动力，促进学生自控力的稳步提升。

▌四、讨论与反思

班会聚焦中学生"自控力不足"的痛点，以大脑决策机制为核心，深度剖析学生日常行为背后的心理根源，如学习拖延、情绪冲动等，将抽象心理学理论具象化，为学生提供理解和应对自身问题的清晰视角。班会内容兼具科学性与实用性，紧密贴合学生生活实际，极具针对性与教育价值。

在分享交流环节，教师借助直观图示与深度追问，深入阐释大脑决策机制，有效深化学生认知；最终在"如何更好地提高自控力"部分，自然引出实践策略，实现从理论到应用的过渡。这样的活动设计层次分明：小组讨论促进思想碰撞，帮助学生深化理解、拓宽思维；冥想环节营造静谧氛围，引导学生沉浸式探索；教师以生动的语言梳理知识要点，助力学生实现心灵成长。

五、延伸活动

制订一周自控力成长计划，设定每日目标，针对易失控场景进行预告，并规划应对策略，并坚持晚间反思记录。一周后，通过小组分享交流实践成果，共同优化计划内容，形成持续提升自控力的良性循环。

组织"自控力挑战周"活动，设置"无电子产品学习日"等挑战项目，学生自愿参与并记录实践感受。活动结束后，开展班级总结交流会，奖励优秀学生，巩固班会效果。

倡导学生组建自控力互助小组，通过定期交流、互相监督实现共同进步，每周汇报阶段性成果，营造良好互助氛围。

自我规划：

以游戏的理念制订目标

学生正确制定学习目标至关重要，这关系到学生的学习效率、态度、自我管理及未来发展。制订合适的目标能够帮助学生指明方向、激发动力、提升自信、缓解焦虑。

在目标制订中，常采用实用高效的 SMART 原则，即目标应具备明确性、可衡量性、可实现性、相关性和时限性五大原则。但学生在实际操作中常会遇到一些问题，如计划不切实际、高估意志力、负面情绪干扰等。我们可通过细分小目标、创造低意志力需求环境、减少情绪干扰等方式解决这些问题。然而，上述理论较为抽象，在讲述过程中略显枯燥。

那么，有没有优秀的目标制定范例，能够帮助学生理解并学习如何有效制定目标呢？以电子游戏为例，电子游戏团队通过精心设计的小目标和任务吸引玩家，有效提升了沉浸感和用户黏性。开展"以游戏的理念制订目标"主题班会，既能帮助学生将游戏中的目标管理方法迁移到学习中，又能引导学生正确认识电子游戏的价值。

一、班会目标

认知目标：引导学生剖析游戏设计机制，对比学习现状，树立正确学习过程认知。

情感目标：助力学生树立正确游戏观，领悟自我规划与持续努力的价值，激发学习精神。

技能目标：引导学生借鉴游戏设计原理，科学规划学习目标，有效落实学习行为，并动态调整学习计划。

二、班会准备

物资准备：PPT 课件、大白纸上打印好的 SMART原则、签字笔。

场地布置：将桌椅按小组形式摆放，形成易于讨论的教室环境。

三、班会主体活动

1. 引入活动（约4分钟）

在大屏幕上展示典型的学习计划完成失败的视频，并请学生们共同分析，为什么这一计划没能顺利完成。

在学生分析的基础上，教师可以先对学生进行引导。

有一件事情，特别容易坚持下去，那就是玩游戏。游戏里也需要完成各种任务，为什么在游戏中，这些任务和计划就容易执行呢？学习能否也像"打怪升级"一样让人着迷呢？

此活动由学生录制的风趣幽默的失败案例引入，可以引发学生共鸣，激发学生的兴趣及思考，为后面的讨论和展示做好铺垫。

2. 从游戏到 SMART 原则（约 10 分钟）

1）游戏体验分享（约 8 分钟）

你最喜欢的游戏是什么？在刚刚接触它时，是什么让你想要不断玩下去？请小组代表分享所列出的任务清单，谈一谈对于游戏设置任务和目标的理解与思考。

以某组同学分享的游戏为例。玩家要探索大陆并打败 boss（首领）。游戏地图上彩色点是任务点，有必做和选做之分。

倘若一开始就展示完整的地图和打败 boss 的大目标，玩家会无从下手。所以，游戏任务栏设置了主剧情挑战

（主线任务）、支线挑战（支线任务）、迷你挑战（小游戏）3个栏目。其中，主线任务有提示语和细化小任务，让玩家明确当下任务，即便被小游戏吸引，也能快速回归主线，为完成主线任务不断提升能力、升级装备，实现打败 boss 的目标。

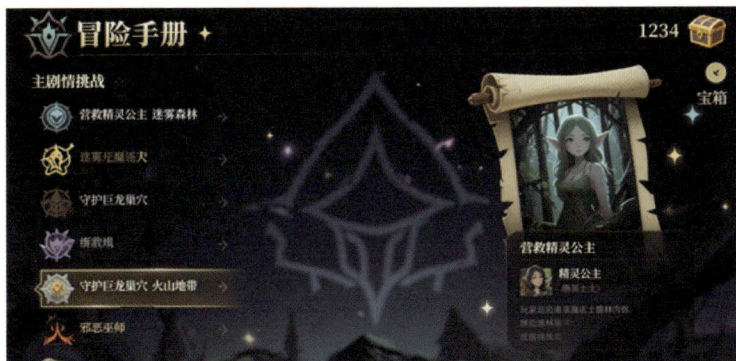

◀ 游戏任务栏

此外，游戏还有查看个人物品和能力的窗口，玩家能借此审视自身不足，通过完成支线任务或小游戏来提升自我。

◀ 游戏查看窗口

2）利用 SMART 原则进行总结（约 2 分钟）

针对小组同学的分享，教师引导学生进行总结。从小组学生分享的游戏内容来看，游戏过程与学习过程具有相似性。游戏的终极目标是打败 boss，高中阶段最重要的目标则是赢得高考。在此阶段，有必须完成的任务（如课堂学习、作业完成及期中期末考试）、可选完成的任务（如额外作业、整理错题本、参加补习班）和凭个人爱好参与的活动（如学校的兴趣活动）。

对高一学生而言，高考这一长期目标容易引发焦虑，需要细分为高中 3 年 6 个学期的阶段目标，并区分必考和选考科目。但仅以期中期末考试的名次和分数为目标仍不够具体，还需分解为更易执行的短期目标。例如，将期末考试的英语成绩提高 20 分细化成每天背 10 个单词、完成 1 篇英语阅读。好的短期目标启动快、给人造成的心理压力小，能减少自我评判，增强完成目标的自信心。

教师通过对游戏目标及任务设定原理的分析，引导学生思考游戏易坚持而学习目标易放弃的原因，进而认识到游戏任务设计的科学性。在教师的引导下，学生能基于兴趣接受目标制定的原理，为后续制定自己的学习目标奠定理论基础。同时，这一环节也有助于学生理解游戏设计的底层逻辑，培养对游戏沉迷的理性判断能力。

3. 制订合理目标（约22分钟）

1）利用游戏理解 SMART 原则（约 7 分钟）

播放一段利用 SMART 原则制订目标的讲解视频。在播放过程中，教师引导学生仔细观察、深入思考，让他们将注意力聚焦在本小组所整理的游戏任务清单上，分析这些清单中的任务设置是如何巧妙地契合 SMART 原则的。

完成列举和判断后，教师鼓励各小组围绕"游戏是如何凭借各级目标的层层递进，引导玩家顺利完成最终任务的"这一话题展开热烈讨论。在讨论过程中，教师应启发学生思考不同级别目标之间的逻辑关系、目标难度的设置技巧及目标达成的激励机制，促使学生从游戏设计的角度，深入理解目标制订与执行的科学方法。

2）制订我的目标及任务清单（约 15 分钟）

引导学生利用 SMART 原则，仿照游戏任务清单，制定自己的目标及任务清单（可利用下页表格）。完成后，小组内成员互相分享自己所制定的目标及任务清单。在分享的过程中，学生们互相之间可提出建议，这样有利于学生通过他人的视角审视自己，更加了解自我，完善个人目标及任务清单。

目　标	需完成的任务	预计完成时长	完成情况

通过这一环节，引导学生利用所学理论知识制订自己的目标及任务清单，并用于后续的学习、生活中。相互分享的环节也有利于学生们互取所长。

四、讨论与反思

该课程紧密结合理论与实际，以目标制订 SMART 原则为基础，借助学生喜爱的电子游戏，剖析游戏目标设计，激发学生参与热情，引导学生正确对待游戏。班会环节层层递进，从失败案例引发共鸣，到游戏体验分享、利用游戏学习 SMART 理论、仿照游戏任务设计学习目标。在分享交流环节，学生们在小组讨论中完成自我审视，最终设计出了适合自己的目标及任务清单，这有利于学生在后续的学习、生活中逐渐成长为自我规划的强者。

五、延伸活动

一款好游戏令人着迷的另一关键因素就是即时反馈机制，它能维持玩家兴趣，让玩家在完成目标后即刻看到成果，进而激发继续游戏的欲望。

构建类似的即时反馈机制可从以下两方面着手。一方面，学生执行计划时，需在完成情况处打钩，每周向组长及组内同学分享计划执行状况。同时，要认真对待每次作业和小测，将这些环节当作即时反馈的契机，增强执行计划的动力。另一方面，教师可请学生回家后与家长分享学习计划。教师可通过线上家长会，告知家长不可过多干涉学生计划的执行。学生保质保量完成计划时，家长可给予表扬或奖励；对于未执行部分，家长不要唠叨、催促，避免引发学生逆反情绪。此外，由于学生刚开始容易把计划制订得过于理想化，教师要关注每周各小组分享的计划执行情况，对有较多任务未完成的学生，引导其优化计划和方案，直至能顺利执行为止，一段时间后再建议其逐步增加任务量和难度。这样，教师通过不断调整、循序渐进，帮助学生在执行目标及任务清单方面长期坚持下去。

情绪调节：

掌控你的情绪密码

初中阶段的学生正处于身心快速发展的关键时期，面临着学业压力、人际关系等多重挑战，容易产生情绪波动。然而，许多学生对情绪认识不足，缺乏有效的情绪调节策略，导致情绪失控、焦虑抑郁等问题频发。如何正确认识情绪、有效调节情绪，使之成为成长的动力而非阻力，是每位学生都需掌握的重要技能。本次班会旨在通过一系列互动活动，帮助学生认识情绪、理解情绪，并掌握科学有效的情绪调节方法，提升情绪管理能力，从而促进其健康成长。

一、班会目标

认知目标：使学生了解情绪的基本概念、分类，以及情绪调节的重要性。

情感目标：培养学生的情绪管理能力，增强自我接纳与自信心，促进健康成长。

技能目标：通过活动实践，让学生掌握至少 3 种情绪调节方法。

二、班会准备

物资准备：制作 PPT，准备"情绪姜饼人"绘图材料、分组讨论所用纸笔等。

内容准备：收集情绪调节相关理论、案例及影片资料。

人员准备：确定班会主持人、各组组长及记录员，确保每个小组都能够积极参与讨论。

场地布置：确保教室布置整洁、温馨，营造舒适的交流氛围。

三、班会主体活动

1. 活动引入与热身（约 3 分钟）

教师通过 PPT 展示"情绪天气预报"小游戏，让学生用简短词语描述自己此刻的情绪状态，并尝试用肢体语言表达。教师简述情绪在生活中的重要性，引出班会主题"拥抱情绪，自信成长——掌握情绪密码，开启智慧人生"。教师带领学生参与贴近学生生活的趣味小游戏，以便迅速吸引学生的注意力，营造轻松愉快的课堂氛围，同时引导学生关注自身情绪。

2. 情绪认知（约4分钟）

教师用 PPT 展示情绪的定义、分类、特点和作用，引导学生初步了解情绪的基本知识，为后续的情绪调节活动打下理论基础。

教师请学生分享近期经历的情绪事件及感受，引导学生认识到情绪是普遍存在的，且每个人的情绪体验都是独特的。情绪体验分享活动可以增强学生的情绪共鸣，促进班级成员的情感交流。

在课堂中，一些学生认为情绪是无用的，对负面情绪非常排斥，教师需要引导学生看到情绪背后是未被看到或满足的内在需求，情绪是送信人。教师还要帮助学生理解关于情绪的一些理念：接纳每一种情绪；情绪是对刺激的反应，是温度计，是晴雨表；情绪是信号，能让我们更清楚地认识自我，表达需要；情绪无绝对的好坏之分，消极情绪也有积极的力量。

3. 情绪调节方法探索（约20分钟）

1）"情绪姜饼人"绘制活动（约6分钟）

请学生回顾近期让自己产生情绪困扰的事件，感受情绪在身体上的反应，可能体现在脸上，也可能体现在四肢动作、姿态、声调上。让学生将感受和情绪绘制在姜饼人相应的位置。绘制时，可以使用不同颜色的笔，也可以进行文字说明。完成后，小组内分享并讨论。通过具象化的方式，帮助学生识别并理解自己的情绪，为后续的情绪调节提供切入点。

◀ 情绪姜饼人

在绘制情绪姜饼人的过程中，有的学生绘制的画面比较灰暗，有的学生则是潦草几笔完成、画面杂乱，教师需要进一步与学生沟通，了解他/她想表达的想法、情绪状态，帮助学生有效识别情绪、表达情绪。

2）情绪调节"三步走"策略（约10分钟）

首先，向学生介绍情绪调节"三步走"策略，即感知情绪、接纳情绪、调节情绪。

其次，将学生分成小组，5人或6人一组，选出组长和记录员；请学生讨论并列举自己常用的情绪调节方法，并对其进行概括、命名。"你经常使用哪些方式调节情绪？"小组成员进行头脑风暴，尽可能多地列举情绪调节方法。提醒学生，列举时，注意不要对他人的方法妄加评判。然后，把所有的方法收集起来。

最后，引导学生对大家提出的方法进行分类，指出哪些是治标的、哪些是治本的，并讨论不同类别的方法作用有何不同。通过讨论，让学生认识到情绪调节方法的多样性，并学会区分"治标"与"治本"的方法。

在这部分，会发现很多学生想到的都是一些"治标"的方法，例如通过玩游戏、吃东西、购物、听音乐等缓解情绪。教师需要引导学生明白，在使用过这些方法后，可能存在问题尚未解决、情绪反复波动的情况，带领学生思考更加"治本"的方法。

3）情绪调节方法分享（约 4 分钟）

请学生分享治标法，理解治标法是通过一些简单的处理方式，如适度发泄、转移注意力、自我暗示等，暂时缓解自身的不良情绪，防止情绪恶化而产生更加严重的结果。

请学生分享治本法，理解治本法是思考不良情绪产生的根源，并且想出解决的方法，如改变思维、冷静三思、情绪 ABC 理论等。只有这样，才能彻底解决情绪失常的问题。

通过进一步分享和总结，让学生掌握具体的情绪调节技巧，提高情绪管理能力。

4. 影片观看与讨论（约5分钟）

播放电影《头脑特工队》片段，引导学生从影片中获得情绪调节的启示。通过影片的生动展示，让学生更直观地理解情绪调节的重要性及方法。

观看完影片后，请学生分组讨论影片中的情绪调节策略，并分享自己的感悟，从而加深学生对情绪调节方法的理解，促进班级内的思维碰撞。

5. 冥想放松体验（约4分钟）

引导学生闭上眼睛，进行冥想放松体验，感受内心的平静与安宁。通过冥想，让学生学会在日常生活、学习中能够快速有效的关照自身情绪，给情绪按下暂停键，有效调整身心状况，增强情绪觉察和管理能力。在学生冥想放松时，可以在指导语中增加对学生的赋能，帮助学生重拾自信。

▲冥想

四、讨论与反思

本次班会是一场充满活力与收获的情绪探索之旅。开场的"情绪天气预报"小游戏迅速破冰，为课堂营造了轻松氛围。在情绪认知环节，学生们踊跃分享、真情流露。情绪姜饼人绘制和情绪调节"三步走"策略讨论充分激发了学生们的参与热情，使得对情绪调节方法的探讨深入且富有成效。影片观看与冥想放松环节更是让学生在轻松的氛围中深化了对情绪的理解。

该课程通过生动有趣的活动、讨论和分享，引导学生正确认识情绪、掌握情绪调节技巧，能够提高学生的情绪管理能力。学生参与积极性高，但仍有可能有部分学生在情绪表达上较为保守，后续需要对这些学生加强引导和鼓励。未来，教师应持续关注学生情绪变化，及时给予学生指导，不断优化班会设计，提升班会效果，全方位助力学生健康成长。

五、延伸活动

掌握情绪密码后，还要在生活、学习中不断实践，才能发挥其积极作用。可以做的活动有很多，包括定期的自我情绪觉察与调节，环境的调整，以及进一步学习相关知识。

（1）开展"情绪日记"活动。让学生准备专用的本子，每日记录经历的事情、当时的情绪及调节方法。每周安排固定时段回顾，教师定期查阅，给出针对性建议，助力学生深入了解自身情绪模式，增强情绪觉察能力。

（2）开展"情绪管理小讲师"活动。每月开展一次该活动，要求学生提前准备图文资料，分享自己应对情绪问题的亲身经历与方法。分享结束后，其他学生提问，学生们在互动中增进对彼此的了解，提升班级凝聚力。

（3）建立"情绪调节角"。在教室角落布置专属区域，张贴色彩鲜艳、鼓舞人心的情绪管理海报，摆放如《我的情绪小怪兽》《蛤蟆先生去看心理医生》等书籍，设置便利贴留言区，方便学生写下情绪感悟与调节技巧，实现资源共享。

应对焦虑：

导演请就位

上 一节班会课通过"掌控你的情绪密码"来缓解学生独处时因自我认知偏差带来的焦虑。这一节班会课将通过"导演请就位"的演绎，解决学生与外界"撕扯"时所产生的焦虑。

一、班会目标

认知目标： 通过"演员"的面具演绎，明确学生面临的同辈嘲讽、代际比较、教师期待等新型焦虑源。

情感目标： 通过角色视角的"小我"分镜卡，明确被困在自我（也就是小我）中的感知局限；通过导演视角的"大我"分镜卡，明确站在更高格局，把渺小的"我"代入大写的"我们"，可以有效缓解焦虑。

技能目标： 通过"编剧"的标注识别，解构焦虑，将模糊焦虑转化为具象化目标，认知"情感性""比较性""预设性""否定性"4个焦虑压迫源；通过"编剧"

的方法改良，重建舒适，在人际交往中，用整体的"我们"替代单独的"你"。

二、班会准备

物资准备：便利贴×40、空白卡×40、分镜卡×40、3种不同的面具、"弹力球"小程序、"小我"分镜卡×8、"大我"分镜卡×8。

场地布置：将桌椅分为8组。

三、班会主体活动

1. 面具演绎（约5分钟）

让学生戴上不同的面具，如学生、家长或教师的面具，表演对应角色让个人感到焦虑不适的经典台词。其他学生用掌声大小表达"焦虑赞同指数"，用"弹力球"小程序将掌声大小可视化。

◀ 学生"面具演绎"

呦呦呦，都考 118 分啦，还在这里卷呢。（同辈嘲讽）

我当年高考七百多分，你现在才考这么点。（代际比较）

这道题可太简单了，都能做对。（教师期待）

通过面具演绎暖场破冰，在互动中打破心理防御。了解学生面临的同辈嘲讽、代际比较、教师期待等新型焦虑源。通过掌声大小量化"焦虑赞同指数"，暴露新型焦虑源的群体性特征，减轻个体"被针对"的焦虑感。

2. 剧本改良（约 10 分钟）

通过分析原有台词，进一步重构台词，达到改良剧本的目的。

1）红笔解构剧本（约 5 分钟）

学生分组抽取第一幕中高焦虑赞同指数的经典台词，用红笔圈出引发焦虑的关键词，并在一旁标注其引发焦虑的原因。首先，找到焦虑台词"呦呦呦，都考 118 分啦，还在这里卷呢"。然后，用红笔圈出引发焦虑的"呦呦呦"和"卷"。最后，进行涂鸦标注，例如"呦呦呦"

语气嘲讽，具备情感伤害性特征；"卷"将努力污名化，具备否定性特征。

角色	高频涂鸦	成因标注	成因识别	心理影响
同学	"呦呦呦""啧啧啧"	嘲讽语调 VS 理性交流	情感性	情感防御机制崩溃
家长	"别人……你……"	他人成就 VS 自我价值	比较性	出现相对价值剥夺
教师	"都能……""应该……"	能力标签 VS 真实差异	预设性	产生完美主义焦虑
共同	"卷……""才……"	过程贬低、结果贬低	否定性	陷入自我怀疑循环

通过红笔标注，将模糊焦虑转化为具象化目标，可以帮助学生识别"情感性""比较性""预设性""否定性"4个焦虑压迫源，从而解构焦虑。

2）蓝笔重构剧本（约5分钟）

将所抽中的高焦虑赞同指数台词用蓝笔在旁边修改为对听者友好的舒适型台词，并标注重构策略。对于焦虑台词"呦呦呦，都考118分啦，还在这里卷呢"，可以进行各种形式的台词重塑。在重构台词时，应当注意语气诚恳，并试着把评价性词汇改为描述性词汇。

> "呦呦呦"→"哇！"　　　　　　　　（情感反转）
> "都""啦""这里""呢"划掉。　　　（态度中正）
> "卷"→"专注学习"。　　　　　　　（行为具象）

角色	类别	重构策略	重构路径
同学	嘲讽	去污名化 + 互助邀请	肯定成果 + 经验共享 + 行动提议
家长	比较	代际共鸣 + 共同行动	现状认可 + 经验隐喻 + 协作建议
教师	预设	过程强化 + 集体赋能	群体肯定 + 方法归因 + 持续激励

学生会即时生成很多重构策略，例如用"我和你"替代"我比你"、用"我们一起"替代"你应该"等。重构策略的核心就是用整体的"我们"替代单独的"你"。例如"你咋这么菜呢"，嘲讽满满的话语，将其主语换成"我们"，再调整一下说法，就会变成"我们一起想想办法"。如果主语对了，那么一切（语气、用词等）就都对了。

3. 镜头"革命"（约15分钟）

接下来，可以从导演的视角对分镜头进行管理，从而使掌控者觉醒。

1）角色视角的"小我"分镜卡（约5分钟）

"小我"分镜卡（角色视角）		
特写镜头框		
内心独白区		
觉醒进度条	自我关注度	自我焦虑度	自我掌控感
	_____ ___%	_____ ___%	_____ ___%

分组填写被压迫角色视角的"小我"分镜卡。对于"呦呦呦，都考 118 分啦，还在这里卷呢"这个场景，可以进行以下处理。

特写镜头框：手绘"颤抖的手""紧咬的唇"等局部特写。

内心独白区：以爆炸对话框的方式呈现"丢脸""好烦""被针对"等内心独白。

觉醒进度条："自我关注度"90%，"自我焦虑度"80%，"自我掌控感"30%。

总之，聚焦个体的生理反应，强化被困在自我（也就是小我）中的感知局限。

2）导演视角的"大我"分镜卡（约 10 分钟）

第一章 个人成长

"大我"分镜卡（导演视角）		
全景镜头		
交叉剪辑	镜头 1	
	镜头 2	
画外音层	对方独白	
	他者旁白	
觉醒进度	自我关注度	自我焦虑度	自我掌控感
	□□□□□□□ __%	□□□□□□ __%	□□□□□ __%

分组填写导演视角的"大我"分镜卡。对于"呦呦呦，都考 118 分啦，还在这里卷呢"这一场景，可以进

行以下处理。

全景镜头： 课间，有人学习，有人玩闹，有人睡觉，有人无聊。

交叉剪辑： 镜头1可以是"对方抱臂冷笑、眉毛高挑；我面红耳赤、低头做题"，镜头2可以是"回溯下课前，对方也正在努力做题，但因做不出，无奈放弃"。

画外音层： 包括对方独白"我数学要完蛋了，好绝望，他怎么还在写啊……"，以及他者旁白"这是本月第××次'努力羞耻症'发作，全年级高发病种"。

觉醒进度： "自我关注度"40%，"自我焦虑度"50%，"自我掌控感"70%。

通过聚焦群体场景调度，明确格局在提升后，对小我的关注度会降低，焦虑感自然降低，从而在更高维度上强化自我的人生掌控感。

▶ "大我"分镜卡学生填写示例

四、讨论与反思

1. 快问快答

抛出 3 个问题，学生举手表决。通过在黑板上画正字记录举手数来统计举手率，直观呈现群体反馈。

（1）你发现他人台词中的焦虑关键词（如"卷""菜""应该"）了吗？

（2）将主语改写为"我们"以后，话术是否更容易被接受？

（3）如果用导演视角看焦虑事件，分值为 1～10 分，你觉得自己能掌控几分？

2. 收获总结

学生用便签纸画 1 个表情符并写 1 个关键词总结收获，离场时将便签纸贴在后黑板上。

五、延伸活动

1. 台词改造日签（每日实践）

学生领取空白卡片，每天记录 1 句真实听到的焦虑台词，用蓝笔在旁边将其改写为"我们"版本。次日早读时，教师抽选 3 人分享。

2. 分镜卡制作（周末作业）

参照本文表格制作分镜卡，学生将本周最焦虑的事件填入。左侧画"小我"分镜卡（特写表情 / 动作），右侧画"大我"分镜卡（全景场景 / 关联人物），底部写导演金句（如"这只是长跑中的一个弯道"）。

3. 班级解压暗号（长期行动）

从改写的金句中票选 3 句作为班级"解压口令"（例如，把"你不行"改为"我们试试"），约定当同学说出焦虑台词时，集体喊对应暗号打断。

挫折教育：

人生犹如开当铺

高中阶段是学生人格形成的关键时期，也是他们面临各种挑战和抉择的重要阶段。高中阶段的德育工作要引导学生正确认识世界和中国发展大势，正确认识远大抱负和脚踏实地。开展生命教育相关活动有助于学生在面对人生挫折与选择时，树立正确的价值观和人生观，符合高中德育教育培养学生良好道德品质和健全人格的目标要求。

美国学者杰·唐纳·华特士于 1968 年首次明确提出生命教育的思想。他在《生命教育：与孩子一同迎向人生挑战》一书中系统阐述了生命教育的核心理念，强调教育应帮助个体理解生命的意义，尊重生命价值，以及培养个体应对生命挑战的能力。

本次班会设计"人生当铺"这一虚拟情境，通过角色扮演与情景模拟，让学生在情境中理解生命的不可逆性与挫折的必然性，树立正确的人生观和价值观。班会以"选择—行动—反思"的认知行为疗法框架为核心，帮助学生掌握面对挫折的积极策略，培养他们的抗逆力和决策能力。

一、班会目标

高一下学期，学生面临着选科的关键抉择，承受着较大压力，同时在人际关系的处理上较为敏感。部分学生在面对困难时，呈现出逃避退缩的态度，或者过度依赖外界支持，缺乏独立应对的能力。鉴于此，本次班会着重强化挫折教育，致力于提升学生的决策能力。

认知目标：引导学生在微观叙事情境中深刻理解挫折是人生旅程中的必然阶段，洞察选择与放弃之间相互依存、相互转化的辩证关系，从而构建起对人生挫折与选择的理性认知框架。

情感目标：着力培养学生接纳现实的豁达心态，增强学生面对挫折时的勇气与韧性，助力学生在困境中砥砺前行，塑造学生坚韧不拔的心理品质。

技能目标：帮助学生掌握"选择—行动—反思"这一科学有效的决策方法，切实提升挫折应对能力，为未来应对复杂多变的现实挑战奠定坚实基础。

二、班会准备

物资准备：制作课件（含人生初始卡牌、人生阶段划分、不同阶段的挫折卡牌等）。

场地布置：以小组为单位布置圆形桌椅，以便活动交流。

三、班会主体活动

1. 情境导入：人生当铺开业（约 5 分钟）

教师播放 PPT 和音乐，提问"假如人生能够重来一次，你将做何选择？"展示重启人生的 18 张卡牌，要求学生选择 10 张人生初始卡牌作为自己最重视的人生特质。同时告知学生，在接下来的重生之旅中，会遇到一系列挫折，如果选择不接受这一挫折，就需要"典当"2 张人生初始卡牌来抵消挫折效果。

亲情	伯乐	爱情	自信	善良	才华
智商	勇敢	正义感	养家的能力	颜值	情商
健康	责任感	挚友	感恩的心	诚信	乐观

◀ 人生初始卡牌

教师通过规则介绍引导学生深度思考"选择"与必然代价的关联，激发学生的兴趣，明确本次班会的主题是"人生选择与挫折应对"。

2. 童年至迟暮：抉择之旅（约25分钟）

1）童年阶段（0～15岁）

学生通过抽盲盒方式抽取童年挫折卡，上面有父母吵架、成绩倒数、校园霸凌等童年时期常见的挫折情境。抽取完毕，学生需记录抽到的挫折及内心的感受，而后慎重选择是否典当手中2张人生初始卡牌来抵消此次挫折。完成选择后，学生在小组内分享自己做出该选择的理由。

借助这种充满趣味性与体验感的具体情境，让学生身临其境地感受童年挫折带来的冲击，在思考是否典当人生初始卡牌的过程中，初步建立起"选择需要付出代价"这一重要认知，为后续面对更为复杂的人生抉择奠定心理基础。

2）青年阶段（16～25岁）

学生抽取青年挫折卡，上面随机呈现考不上大学、父母离异、抑郁症等反映青年时期困境的内容。抽取后，学生同样填写对应表格，深入剖析自身面对这些挫折时的思考，并再次抉择是否动用2张人生初始卡牌来化解危机。接着，学生与小组成员交流分享，探讨不同选择背后的深层考量。教师在班会上模拟青年时期可能遭遇的重大挫折，使学生进一步体会人生抉择的严肃性与重要性，引导学生思考在青年阶段如何凭借自身力量应对挫折，培养其独立思考与决策的能力。

3）成年阶段（26～35岁）

学生抽取成年挫折卡，涵盖最爱的亲人离世、恋人背叛、创业失败等直击成年生活痛点的挫折场景。学生在填写表格后，决定是否使用2张人生初始卡牌来摆脱困境。随后，学生参与小组讨论，分享各自在面对成年挫折时的选择思路与情感体悟。

学生通过体验成年阶段极具挑战性的挫折，可以充分意识到人生道路上挫折的多样性与复杂性，进而思考在成年时期应如何权衡利弊，做出更具责任感与前瞻性的决策，提升应对现实生活难题的能力。

4）中年阶段（36～60岁）

学生抽取中年挫折卡，疾病缠身、白发人送黑发人等沉重的中年困境赫然在列。抽取完毕，学生需梳理自己面对这些挫折时的心理变化，再决定是否典当人生初始卡牌。学生在小组范围内进行交流，分享在中年挫折情境下，内心的挣扎与最终的选择依据。

教师通过模拟中年阶段的挫折困境，引导学生站在中年人的角度思考如何在困境中坚守、如何重新规划人生，从而提升抗挫折能力，培养坚韧品格与人生智慧。

5）迟暮之年（61 岁以上）

学生抽取迟暮之年挫折卡，上面写有阿尔茨海默病、子女"啃老"、被亲友遗忘等反映老年生活无奈的挫折内容。抽取完毕，学生需填写表格，记录对迟暮困境的感受与思考，决定是否使用人生初始卡牌扭转局面。最后，在小组内分享自己的看法。

学生通过体验迟暮之年可能遭遇的挫折，可以认识到人生的各个阶段都充满不确定性，选择与代价始终相伴，从而更珍惜当下，并开始思考如何在人生的不同阶段为未来做好准备。

3. 人生复盘：走马灯时刻（约 8 分钟）

教师发放人生轨迹表，学生回溯之前在各个阶段所做出的一系列选择，并与同伴分享自己新的人生，同时填写并分享自己手中留存的最重要的 3 张人生初始卡牌，并阐述这些人生初始卡牌对自己而言所代表的重要意义。

0~15 岁，我遇到的挫折：_____。我选择典当_____、_____。

16~25 岁，我遇到的挫折：_____。我选择典当_____、_____。

26~35 岁，我遇到的挫折：_____。我选择典当_____、_____。

36~60 岁，我遇到的挫折：_____。我选择典当_____、_____。

迟暮之年，我遇到的挫折：_____。我选择典当_____、_____。

我最终剩下的人生初始卡牌：_____。

结合你填写的内容，向同伴描述你的全新的一生。

◀ 人生轨迹表

教师借由填写人生轨迹表与分享人生初始卡牌这一过程，引导学生将关注焦点从单纯的结果转移到决策过程，使学生领悟到在人生旅途中，丰富的经历与深刻的思考远比最终的结果更为重要，从而帮助学生构建更加成熟、理性的人生观与挫折观。

4. 总结升华：生命的旷野（约 2 分钟）

教师展示"接纳""行动""旷野"这 3 个关键词并总结。在班会即将结束之际，教师通过展示关键词并结合学生的亲身体验进行班会总结，即面对人生挫折与选择时，秉持接纳的态度，付诸积极的行动，即可拥有广阔的视野与无限的可能。

▎四、讨论与反思

本次班会旨在通过沉浸式体验，助力高一下学期学生直面挫折、提升决策能力。从实践后的整体效果来看，班会可以初步达成既定目标。"人生当铺"这一独特情境贯穿始终，极大地增强了班会的趣味性与吸引力。从开篇以人生重启引发学生对选择与代价的思考，到各阶段挫折卡抽取环节，都让学生仿若置身于真实的人生抉择之中，为后续深度探讨挫折与选择奠定了良好基础。

在认知目标方面，通过一系列活动，学生能够切实理解挫折的必然性，以及选择与放弃的辩证关系；在情感目标方面，多数学生能在分享与讨论中展现出更积极地接纳现实的态度，面对挫折的勇气也有所增强；行为目标的达成情况良好，事实表明，不少学生在总结发言中提及掌握了"选择—行动—反思"决策方法，并表示未来会尝试运用。

▎五、延伸活动

1. 家校互动

布置任务"与父母交换人生故事"，学生和家长一起参与"典当"活动。通过这种互动方式，引导学生站在家长的角度理解代际之间挫折观的差异，增进亲子间的情感共鸣与相互理解，同时也让家长更加关注学生的内心世界，为学生营造更为和谐、包容的家庭成长环境。

2. 我思我悟

让学生以"我最想保留的 3 张人生初始卡牌"为题，完成一篇随笔。通过写作，深化学生对人生挫折的价值认知。推荐阅读书目《县中的孩子》和《活着》，引导学生在阅读中汲取智慧，从不同视角感受生命的厚重，拓宽对人生挫折与生命价值的理解维度。

悦纳失败：

绿茵场上的成长

悦纳失败能缓解焦虑，帮助我们吸取教训，激发持续努力，提升自我韧性，为未来成功积累力量。此次"悦纳失败"的主题意在以情绪 ABC 理论为框架，借体育精神助力学生心智成长，使其领悟体育内涵，发挥体育多元价值。

一、班会目标

认知目标： 理解情绪 ABC 理论中"A—B—C"的因果关系，认识信念对行为的影响。

情感目标： 营造安全环境，接纳失败情绪，建立"失败促进成长"的集体意识。

技能目标： 掌握 ABC 情绪管理方法，将消极认知转化为建设性想法，培养从失败中学习的习惯。

二、班会准备

教学工具准备：磁性白板 1 块，红色、蓝色、黑色的马克笔各 3 支，粉色、黄色、绿色的便利贴各 50 张，提前制作的情绪温度计量表。

学习材料准备：匿名整理的"赛后真实语录"卡片 15 张（包含典型消极表述和个别积极表述）。

奖励物资准备：提前制作的"勇气勋章"10 枚，团队成长积分卡（用于后续延伸活动）。

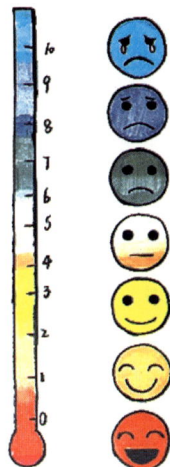

◀ 情绪温度计量表

场地布置：将桌椅排列成同心圆造型，留出中央活动区（约 4 平方米）用于情景模拟；绘制并张贴挫折树和成长梯海报；地面用彩色胶带贴出情绪坐标（4 个象限代表不同的情绪强度）；调试多媒体设备，准备 3 分钟赛事精彩集锦视频。

三、班会主体活动

1. 沉浸式热身：情绪探照灯（约 5 分钟）

首先，进行情景激活。播放体育赛事集锦视频后，突然定格在失利瞬间。教师用变调朗读器念出匿名吐槽："要是 ××× 没失误就……""裁判不公正……"

其次，进行身体映射。引导学生用肢体动作（抱头、跺脚、摊手等）表现此刻感受；邀请3位同学在情绪坐标上站位并说明理由。

最后，进行认知导入。发放情绪温度计，要求学生匿名标注自己的情绪分值。

对待同样的失败，有人愤怒值为8分，有人愤怒值只有3分，为什么？

教师通过视听刺激和身体表达，快速激活学生对失败事件的情绪记忆，建立情感联结；通过匿名情绪评分和情绪坐标站位帮助学生觉察情绪差异，自然引出"同一事件不同反应"的核心问题，为情绪ABC理论的学习铺垫认知冲突。

2. 情绪ABC理论工作坊（约25分钟）

1）概念具象化（约5分钟）

教师给学生展示触发事件（环节A）：班级在足球赛中惨败，未能延续其他项目的优异成绩。

教师引导学生假设非理性信念（环节B）：如"我们班体育一直很强，足球输了太丢人了！""这次失败说明我们其实没那么厉害，之前的成绩只是运气好。""别的班肯定在嘲笑我们，我们不再是强者了。""足球输了，我们班在整个运动会上获得的荣誉都被毁了。"

教师引导同学分析以上非理性信念可能会产生的结果（环节 C）：情绪结果（如羞愧、沮丧、自我怀疑）和行为结果（例如，可能逃避以后的足球比赛、对获得班级荣誉失去信心）。

2）挑战非理性信念（约 15 分钟）

教师通过辩论的方式，引导学生用理性思维反驳每一条消极信念。

论题 1 可以是"我们班体育一直很强，足球输了太丢人了！"教师引导学生明白强队也会输球，例如世界杯冠军阿根廷也曾输给沙特阿拉伯，但这不影响大家认可他们的实力。失败≠丢人，只是说明我们在足球比赛上有进步空间。

输一场比赛不代表我们不行，反而可以让我们看到哪里需要加强。

论题 2 可以是"这次失败说明我们其实没那么厉害，之前的成绩只是运气好。"教师引导学生理解运动会冠军、羽毛球亚军、队列一等奖都是靠实力拿的，不可能全凭运气。足球只是众多项目中的一个，不能因为一项失利就否定全部。

我们在很多项目上都很强，足球比赛输了只是提醒我们足球这个项目需要更多训练。

论题 3 可以是"别的班肯定在嘲笑我们，我们不再是强者了。"教师引导学生思考别人可能根本没那么在意，就像我们也不会一直记得别的班输过的比赛。真正的强者不是从不失败，而是能坦然面对失败并继续努力。

别人的看法不重要，重要的是我们自己怎么看待这次失败并加以改进。

论题 4 可以是"足球输了，我们班在整个运动会上获得的荣誉都被毁了"。教师引导学生思考运动会是多个项目的综合，足球只是其中一项。我们仍然获得了多个奖项，整体表现依然出色。

一场失败不会抹杀我们的所有成就，未来我们可以做得更全面。

3）信念重塑（约5分钟）

  教师引导学生回顾触发事件（环节A）：足球赛失利。引入新信念（新环节B）："失败是成长的机会，我们可以分析问题，加强足球训练。""我们在其他项目上依然很强，足球只是需要更多练习。""真正的强者不是永不失败，而是能接受失败并继续前进。""这次失利不会影响我们的整体荣誉，反而让我们更团结。"教师引导学生分析新结果（新环节C）：接受失败，但仍保持自信。总结比赛失误，加强训练，争取下次表现得更好。

  教师用案例中具体的非理性信念，具象化呈现情绪ABC理论模型，采用辩论形式挑战典型认知扭曲，引导学生思辨信念对情绪行为的支配作用，最后通过新信念的对比，示范认知调整的方法。

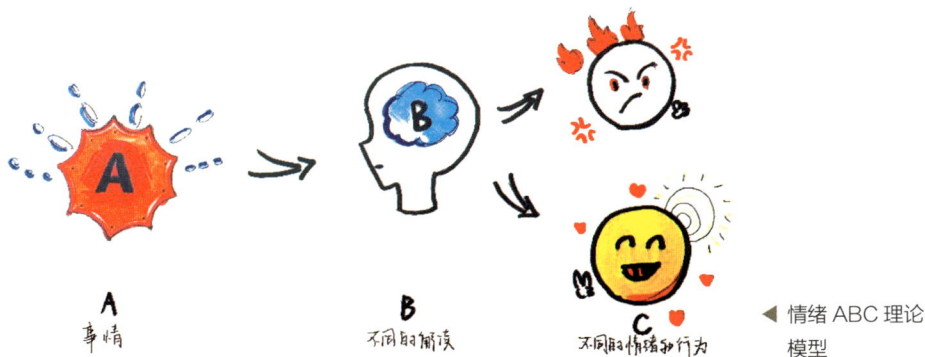

▲ 情绪ABC理论模型

3. 升华与迁移（约10分钟）

1）隐喻活动（约3分钟）

教师首先引导学生在粉色便利贴上写下最困扰自己的一个消极信念；然后让学生将这些便利贴粘贴到挫折树的乌云图案区域；再引导学生以"思维急诊室"的形式展开诊断，找出认知扭曲之处；接着开具处方，将消极信念改写为成长型表述；最后开展康复训练，设计与之对应的行为。例如，把"我们配合得太烂"转化成"我们的传球默契度可以提升"。各组代表运用"如果……就……"的句式分享新信念，教师引导学生将改良后的信念迁移应用到其他生活场景中。

2）工具赋能（约5分钟）

教师向学生教授"认知反驳三步法"，以足球赛失利为例解释这一方法。首先，捕捉自动思维。足球队在比赛中失利后，有的学生脑海中可能自动出现"我们太弱了，根本不是人家的对手，以后比赛也赢不了"这样的想法，意识到并抓住这个瞬间产生的念头，就是捕捉自动思维。

然后，寻找反证。仔细回想过往比赛，发现足球队曾战胜过实力强劲的队伍，而且在这次比赛中也创造出了不少对对方有威胁的进攻机会，球员们在场上都很努力，并非像自动思维中认为的那样弱，这些事实就是反驳自动思维的证据。

最后，用构建替代陈述。基于找到的反证，构建新的陈述，例如"虽然这次比赛输了，但我们有过战胜强队的经历，这场比赛也展现出了一定的实力和潜力，只要总结经验、加强训练，以后是有能力赢得比赛的"，用这个更积极合理的陈述替代原来消极的自动思维。

3）仪式化总结（约2分钟）

全体学生共同诵读"每一次跌倒都是发现成长点的机会"，并启动"勇气勋章"授予仪式。

教师通过挫折树到成长梯的仪式化转化，强化认知重构的成功体验。"认知反驳三步法"工具提供可操作的情绪管理策略，勋章授予仪式则通过正向强化，将课堂收获延伸到日常应对模式中。

四、讨论与反思

本环节通过3个步骤引导学生深化认知。首先，通过对比初始情绪与当前认知的变化，让学生直观感受情绪 ABC 理论的应用效果。其次，以具体案例展示认知重构的过程，分析思维转变对情绪和行为的影响。最后，创设情境，指导学生实践"认知反驳三步法"，重点培养学生的客观认知能力。

总结时将强调，这不仅是一次关于比赛失利的讨论，更是一种终身受用的思维方式的培养。在教学过程中会特别关注学生的情感体验和认知转变，帮助其建立成长型思维模式，将挫折转化为进步的阶梯。

五、延伸活动

1. 认知训练日历

每日放学前安排 5 分钟让学生填写"ABC 日记卡"，每周进行"最佳心态进步奖"的评选。

2. 失败博物馆

在教室角落设置展柜，用来陈列"有价值的失败"物证，并每月更新配套解说牌，注明失败原因及从中得到的收获。

3. 成长型评估

设计包含基础项和自选挑战项的足球技能进步量表，引入个人最佳纪录系统，以此替代横向比较。

追求梦想：

认识身边的"追梦人"

梦想，是对未来的美好想象与憧憬，能帮我们确定目标，成为激励我们不断前行的强大动力。对正处在人生观、世界观、价值观形成关键期的中学生而言，加强理想信念教育至关重要。中学生对未来充满感性憧憬，但辩证思维能力较弱，对国家和社会发展的思考不够深入。因此，学校应积极引导他们将个人梦想与国家梦想相关联，将自身成长与祖国发展紧密相连。部分学生缺乏理想追求，需要教师、同学和家长的激励，帮助他们树立梦想，明确努力的方向，让青春在逐梦路上绽放光彩。

在中学生身边，有众多为梦想拼搏的榜样，例如来自不同职业的长辈。了解这些"追梦人"的故事，能让学生真切体会到梦想的重要性，明白为了实现梦想需要付出持续不断的努力。

▌一、班会目标

认知目标： 让学生认识树立梦想的意义，深刻理解梦想对于人生的引领作用。

情感目标： 引导学生体会梦想与现实的差距，明白实现梦想需要持之以恒的付出，且可能会经历失败与挫折；鼓励学生设立阶段小梦想，注重实现梦想的过程；帮助学生明确青少年所担负的时代责任与历史使命。

技能目标： 引导学生结合时代背景，将个人梦想与国家梦想相关联，并制订切实可行的圆梦计划。

▌二、班会准备

教师准备： 布置观看纪录片、制作卡片及采访"追梦人"的任务，批阅学生制作的卡片，制作 PPT 课件。

学生准备： 观看《求索》纪录片，制作"致敬科学家"卡片；寻访身边的"最美追梦人"，采访他们的梦想、追梦历程及其感悟。

场地布置： 将桌椅摆放成 6 人一组的形式，营造方便讨论的教室氛围。

▌三、班会主体活动

1. 热身活动（约3分钟）

　　教师通过播放视频、展示学生手绘的"致敬科学家"卡片，引导学生回顾国家栋梁科学家的成就与奋斗历程。教师总结：科学家们都有明确的目标，并为之持续奋斗。在奋斗的过程中，他们克服了诸多困难，付出了巨大的努力。这充分体现了梦想的力量，梦想是对美好生活的向往，有梦就有前行的力量。

　　此活动从学生前期作业入手，引导学生关注梦想的意义，为后续分享、讨论活动做好铺垫。

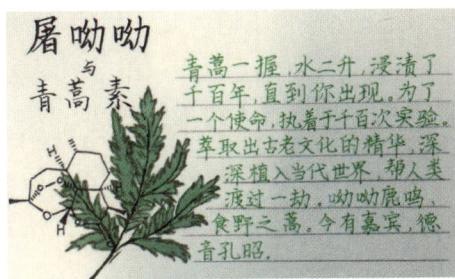

◀ 学生手绘的"致敬科学家"卡片

2. 认识身边的"追梦人"（约15分钟）

1）分享"追梦人"的故事（约10分钟）

　　学生在小组内分享自己采访的身边"追梦人"的故事。每个小组推选一个最具代表性的故事，在全班进行分享，并共同讨论梦想的实现历程。

看似微不足道的梦想，也需要长时间的努力，只有这样，才能体会到成功的喜悦。

考上心仪的大学需要不屈不挠的意志。一个梦想的实现是下一个梦想的起点，人生需要始终奔跑在追梦路上。

国家的发展离不开一个个美好的个人梦想。如果没有个人的小梦想，那么国家梦、民族梦将难以实现。

这一活动以学生身边人的经历为切入点，聚焦普通人，让学生逐步将梦想主题与个人联结起来。

2）分析"追梦人"的品质（约 5 分钟）

在完成"追梦人"故事的分享与交流后，教师引导学生基于这些故事，讨论实现梦想的必备条件，并启发学生认识到坚持和实干是实现梦想的关键品质。

教师分享自己的经历，讲述曾经的梦想虽未成功，但在平凡岗位上依然实现了自身价值，让学生明白梦想不一定能实现，但仍要脚踏实地，享受逐梦的每一个过程。

这一活动通过讨论分析实现梦想的必备条件，启迪学生追梦需要有实干的精神和坚持的勇气。

3. 制订少年圆梦计划（约 17 分钟）

1）分享少年梦想（约 5 分钟）

基于前面对梦想的讨论，教师组织学生填写"我的梦想单"，鼓励学生向他人展示自己的梦想。

我的梦想单

我的梦想单

我的梦想：
做一名心理学的大学老师(教授)

预计完成时间：
25年后(即38岁时)

可能会遇到的困难：
知识累积不够多，竞争者多，竞争可能较激烈。

◀ "我的梦想单"

学生相互评估彼此的梦想，教师引导学生关注个人梦想与国家未来的联系，向学生强调：今天的青少年是未来中国特色社会主义事业的建设者和发展成果的分享者，应该思考自己如何奉献社会、实现人生价值，思考国家、社会和家庭将因自己的哪些成就而感到骄傲。个人梦想是中华民族伟大复兴的中国梦的一部分。实现中国梦、创造美好未来，需要一代代人埋头苦干、接力奋斗，也需要每个人在各自岗位上付出辛勤努力。

这一活动旨在引导学生关注个人梦想与国家建设的

关系，树立为建设祖国而奋斗的意识。

2）制订具体的计划（约 12 分钟）

基于上一环节学生梦想单的分享，教师组织学生讨论，为实现梦想，自己可以做出哪些努力。

同学们提炼出来的，如读书、学习、积累经验、培养动手能力、锻炼身体，正是大家在中学时代应有的努力方向；青少年要接过历史的接力棒，努力学习，积极探索，勇做走在时代前列的学习者、劳动者、奉献者，以执着的信念、优良的品德、丰富的知识、过硬的本领担负起历史重任。

随后，教师引导学生思考：如果未能实现梦想而是从事了平凡的工作，人生能否算作成功？

学生讨论后，教师小结：为梦想努力的过程是人生的重要经历，即便最终未从事梦想中的职业，只要脚踏实地，每个人都能实现自身价值，为祖国建设贡献力量。之后，学生观看视频《每个认真工作的人都是实力派》，感受平凡工作岗位的不平凡。

完成以上讨论、交流后，教师进一步引导学生深化对梦想的认知。

有梦想才有追求，在追梦过程中要根据实际情况调整计划，通过努力和坚持，一步一步实现梦想；奋斗的人生往往是幸福的人生；奋斗者精神富足，更懂得也更能享受幸福；希望同学们既心怀梦想，又脚踏实地、求真务实，满怀激情且锲而不舍，让平凡的每一天都过得充实而美好。

　　这一活动通过讨论与交流，帮助学生明白人生的意义不以金钱和地位来衡量，认识到每一个踏实勤奋的劳动者都值得喝彩，从而树立正确的价值观。

四、讨论与反思

　　该课程引导学生树立梦想，并鼓励学生通过坚持不懈的行动实现梦想。学生从班会课前观看纪录片及对长辈的采访中，领悟"追梦人"为了梦想而努力前行的过程。在班会过程中，通过教师的追问和同学们的讨论，学生能将个人梦想与国家梦想有机结合，明确作为社会主义建设者，个人的美好未来是中国梦的一部分，懂得青少年所担负的时代责任与历史使命。同时，学生能思考当下的努力方向，理解学校的教育理念，明白实现梦想的过程本身就是人生意义的体现。

五、延伸活动

1. 填写"追梦人笔记卡"

为引导学生进一步思考梦想的设立和实现，教师组织学生填写"追梦人笔记卡"。

追梦人笔记卡

我的梦想：＿＿＿＿＿＿＿＿＿＿＿

当下的努力：＿＿＿＿＿＿＿＿＿＿＿

可能会遇到的困难：＿＿＿＿＿＿＿＿

克服困难的途径：＿＿＿＿＿＿＿＿＿

实现时间：＿＿＿＿＿／放弃时间及原因：＿＿＿

▶ "追梦人笔记卡"

学生可在课后与家人分享他们的"追梦人笔记卡"，延续关于梦想的交流。

2. 布置梦想墙

在班级布置梦想墙，学生可在梦想墙上展示个人的"追梦人笔记卡"，并辅以其他形式的材料，展现个人努力的过程，形成学生间互相激励的良好氛围。

3. 开展系列班会

班级继续开展"梦想"主题系列班会——"遇见未来的你"，引导学生关注自身短期目标的实现，强化梦想对个人的指引作用。

成人礼：
仪式感也可以充满创意

　　2019 年 11 月颁布的《新时代爱国主义教育实施纲要》提出，丰富新时代爱国主义教育的实践载体要注重运用仪式礼仪。成人礼标志着青少年在身体、心理与认知上的成熟，能够让青少年意识到作为社会成员的责任，包括对家庭、学校、社会及自身的责任。青少年可以通过成人礼明确人生目标，表达内心的渴望和对未来的憧憬。追求是实现人生价值的动力，能让青少年在面对困难与挫折时保持积极乐观的心态，不断挑战自我、超越自我。"成长·责任·追求"的成人礼主题能够引导青少年在成长过程中，不断明确责任，积极追求梦想，成长为有担当、有理想的新时代青年。

一、班会目标

　　"成长·责任·追求"的主题核心既要体现"我"的个人成长，更要彰显"我"与祖国未来发展的紧密联结。

本节班会课通过阅读书信、画出 20 年后的自己等活动，使学生认知到"成年"的真正意义，促使学生思考个人成长与祖国发展的共生关系。本节班会课的具体目标有以下 3 个。

认知目标：深入剖析成人的内涵与外延，清楚认知在家庭、学校、社会中成人角色所对应的责任，建立个人成长与国家发展紧密相连的宏观认知。

情感目标：点燃对自我成长的探索热情，激发对成人身份的自豪感与使命感，增强对家庭、学校和社会的责任感，坚定积极向上的人生态度。

技能目标：能够精准分析自身在不同环境中的责任，制订切实可行的责任履行计划；学会科学合理地制订短期目标和长期目标，掌握为实现梦想坚持不懈、努力奋斗的方法与技巧。

二、班会准备

物资准备：班级成人礼视频，家长和教师写给学生成人礼的书信、PPT 课件、A4 和 A3 彩纸。

场地布置：将桌椅摆放成圆形，便于学生间的交流。

1. "时光机"：探寻成长印记（约 5 分钟）

首先，教师播放成人礼班级宣传视频，激发学生对成人礼的浓厚兴趣。然后，进行第一个活动——"时光机"。教师展示某学生 3 岁时的照片，让其他同学猜测是哪位同学，同时显示该学生生日和历史上同一天发生的中外大事。

1月12日
1515年，中国明朝政治家海瑞出生
1884年，中国首位飞机设计师冯如出生
2009年，邢逗逗呱呱坠地

◀ 教师展示示例

"时光机"活动通过展示学生婴儿时期的照片和生日大事记，让学生在欢乐中感受岁月的变迁和成长的奇妙，引导他们回顾自己的成长历程。同时，"时光机"活动通过展示学生生日当天发生的中外大事，引导学生思考个人成长与历史长河的联系，激发他们对生命意义的探索。

2. "展信佳"：聆听温情期许（约10分钟）

首先，学生和家长共读家长写给自己孩子成人礼的书信；其次，邀请家长代表朗读写给全体学生的书信；最后，教师朗读写给学生的书信。

书信承载着深沉的情感寄托，是家长与孩子以及师生之间心灵沟通的桥梁。"展信佳"活动可以激发学生内心深处的情感共鸣，让他们珍惜亲情与师生情，带着满满的爱意与责任迈向成年。

3. "画未来"：勾勒梦想蓝图（约15分钟）

教师发给学生 A3 彩纸，让学生在彩纸左下方画出现在的自己，在彩纸右上方画出 20 年后的自己。同时，教师引导学生思考如何才能让自己从现在的样子变成 20 年后的样子。家长与学生共同讨论，也可以一起绘画，在这一过程中，教师引导学生与家长分享自己的所思所想。

我的自画像　　　　　　　　2044年的我

2024年的我

▶ "我和2044年有个约会"

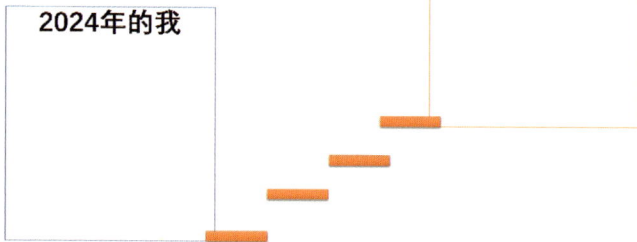

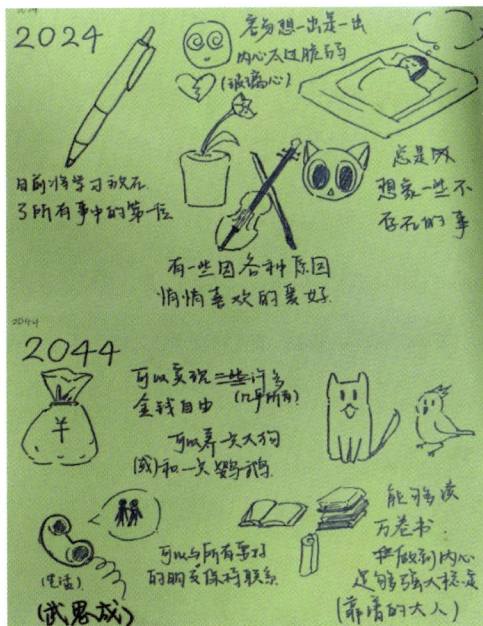

◀ "我和 2044 年有个约会"学生分享

　　在绘画活动中，学生被赋予了创造与想象的空间，以充满创意的方式画出了两个不同时间点的自己。这一过程不仅直观地展现了他们内心的梦想与目标，更激发了他们对未来的憧憬。在绘画过程中，学生会思考实现目标的途径，这有助于培养他们的规划能力和提升他们的自我认知。同时，学生也会意识到个人成长与国家发展之间的紧密联系。当学生与家长分享自己的想法时，亲子间的沟通得以加强。家长能够了解孩子的梦想，提供宝贵的建议和鼓励，助力孩子朝着目标前行。这种互动不仅加深了亲子间的情感交流，也为学生的成长提供了支持。

4."祈圆满"：凝聚真挚祝福（约10分钟）

教师发给学生A4彩纸，让学生互帮互助将彩纸粘贴在背后，组织全班学生在其他学生的背后写上对对方的祝福。

"祈圆满"活动以祈愿为核心，在营造温馨和谐班级氛围的同时，融入家国情怀元素。大家在分享祝福的过程中，彼此传递着正能量，进一步增强了班级归属感，让学生们深刻体会到个人与国家之间的紧密联系，助力他们在追求梦想、守护家园的道路上共同前行。

5."一起走"：迈向成人新程（约5分钟）

成人门象征着学生从青少年到成年的重要跨越。教师带领学生走过成人门是一种极具仪式感的行为，让学生在心理上更加深刻地感受到成年的庄重和神圣。

四、讨论与反思

在本次成人礼班会中，教师围绕"成长·责任·追求"这一主题，通过一系列精彩的活动，让学生深刻体会到成年的意义。从"时光机"的趣味互动，到"展信佳"的情感传递，再到"画未来"的梦想描绘，学生在欢笑与感动中不断成长。"祈圆满"活动让大家感受到了班级温暖和家国情怀，最后的"一起走"成人门仪式则标志着学生迈向了新的人生阶段。在这一过程中，学生不仅收获了亲情、友情，更明确了自己的责任和使命。我们希望学生在未来的日子里，带着满满的爱与责任，勇敢地追求梦想，努力成为一个对社会、对国家、对整个人类的发展有贡献的人。

五、延伸活动

1. 学生给 20 年后的自己写一封信

这一任务让学生有机会与未来的自己对话。学生可以在信中写下对 20 年后自己的期望、目标及鼓励的话语。这封信就像是一颗时间胶囊，封存着他们当下的梦想和决心。当 20 年后再次打开这封信时，他们可以回顾自己的初心，审视自己是否一直在朝着曾经的目标前进，是否成了自己期望中的样子。这种跨时空的交流能够激发学生对未来的责任感和追求梦想的动力，让他们在成长的道路上时刻保持警醒和积极向上的态度。

2. 学生和家长共同制作"我和祖国共成长"视频

在这个视频中，学生和家长可以一起回顾祖国发展的重大历史事件，以及这些事件对家庭和个人生活产生的影响。例如，家长可以讲述自己在改革开放时期经历的变化，以及在时代发展浪潮下是如何努力奋斗、追求梦想的。学生则可以结合自己的成长经历，分享自己对祖国发展的感受和认识。

在制作视频的过程中，学生和家长能够更深入地了解祖国的发展历程，增强对祖国的认同感和归属感。而且，通过共同参与活动，家长和孩子之间的情感交流也得到了加强，营造出一种积极向上、充满正能量的家庭氛围。这种氛围有助于学生在成长过程中树立正确的价值观和人生观，激励他们为祖国的繁荣富强而努力奋斗。

第二章

与人相处

心理互助：

夸夸会

在中学阶段，学生面临着多重心理压力，尤其是在学业、家庭期望和同伴关系等方面。这些压力常常使学生产生焦虑、孤独等情绪，并引发低自尊心理状态，甚至影响到学生的心理健康和整体生活质量。心理问题不仅影响学生的学习成绩，还会困扰他们的情感和社交能力。在这种背景下，如何通过有效的心理互助来缓解学生的压力，提升学生的心理健康水平，成了学校教育的重要课题。

此外，国家在政策层面亦明确提出推进心理健康与情感教育。《中小学心理健康教育指导纲要》强化了中小学生积极心理品质的培养，"双减"政策促使教育回归学生身心发展，新课程改革重申"情感态度价值观"的育人导向。

塞利格曼的积极心理学理论（PERMA 模型）指出，积极情绪与人际关系是幸福感构建的核心要素；弗雷德里克森的"拓展—建构理论"强调，积极情绪能拓宽个体认知视野，积累心理资源；德韦克的成长型思维理论认为，正向反馈是激发个体内在成长动能的重要方式；班杜拉的社会学习理论及霍曼斯的社会交换理论则强调，通过观察与互动建立的正向模式能有效提升群体合作与归属感。

这些背景共同构成了夸夸会设计与实施的理论依据与实践"土壤"。夸赞作为一种积极的心理支持行为，不仅能让学生感受到来自他人的关注和认可，还能帮助他们建立起更强的自信心与自尊心。在班级中，通过当面互夸和匿名夸赞，学生们能够发现彼此的优点，提升班级凝聚力，培养互助互进的集体精神，进而提升班级整体的心理健康水平。

一、班会目标

情感目标：通过让学生体验被认可的过程，增强学生之间的情感联结，提升班级凝聚力，让每位学生感受到"被看见"的温暖。

技能目标：锻炼学生表达具体赞美与情感的能力，提升其在人际互动中的正向沟通水平。

思维目标：促进学生对自我优点的觉察，发展其成长型思维，增强其自我效能感。

┃ 二、班会准备

　　教师提前观察学生心理状况，了解学生间互动关系的基础。同时，教师要准备定时玩具炸弹、信纸与信封、"时光盒"及"夸夸模板"作为写作引导。活动前，教师要对学生进行正向反馈语言训练，提供具体的、可感知的表达示例，帮助学生突破"不会夸""不敢夸"的心理障碍。

┃ 三、班会主体活动

　　本次"夸夸会"班会设置 5 个环节，遵循由认知引导到情感体验、由即时互动到深度沉淀再到未来赋能的层层递进逻辑，旨在通过有趣、温暖又具有仪式感的设计，激发学生的自我认同感和班级归属感。

1. 意义导入：为什么要夸人（约 5 分钟）

　　教师以轻松的语气向全班提问："你上一次听到别人夸你，是什么时候？"引导学生分享生活中"被夸"的经历和感受。接着，教师通过展示学生熟悉的心理学概念卡片或幻灯片，引导学生理解"正向反馈""自我效能感""成长型思维"等核心概念。最后，教师引用皮格马利翁效应和班杜拉的自我效能理论，强调"一个人如何被他人看待，往往影响他如何看待自己"。

本环节旨在让学生从认知层面理解夸奖的积极意义，建立"赞美不是虚伪，而是一种有力的心理支持"的观念，打破"羞于表达赞美"的文化惯性，为后续活动奠定价值认同与心理基础。

2. 氛围引爆: 彩虹屁"炸弹"(约10分钟)

教师展示玩具炸弹道具，讲解游戏规则。"炸弹"启动后，全班围圈传递，每人限时2秒将"炸弹"交给下一位。"炸弹"将在随机时间"爆炸"，停留在谁手中，谁就成为"彩虹屁焦点"，需接受所有接收过"炸弹"的学生的"彩虹屁轰炸"。比如"你今天发型真精神!""我一直觉得你字写得特别好!"

游戏可以进行2轮或3轮，使更多人被"炸中"。该环节通过节奏感与游戏化设计激发课堂气氛，打破人际隔阂，助力学生快速融入互相认可的氛围，同时让被夸者体验高强度的"被关注"情境，强化自我价值感，提升班级整体的正向情绪水平。

3. 深情沉淀: 纸短情长 (约15分钟)

学生安静落座，每人领取两张信纸和两个信封。教师说明书写任务：一封信写给班里一位同学（一个信封上已经写好了一个同学的名字，从而保证每个同学都能收到夸夸信），另一封信写给一位任课教师，内容必须真诚、具体，表达欣赏、鼓励或感谢。教师可提供"夸夸词引导"，帮助学生找到表达灵感。信件写完后统一交给教师，之后由教师发放，保持私密性与仪式感。之后，可邀请几位学生分享阅读夸夸信的感受。

该环节帮助学生将口头夸奖转化为文字表达，使其沉淀为可回顾的心理支持资源。书写本身即为一种自我整理与情感深化的过程，有助于提升表达力、情感共情力，并促成更加稳固的人际联结。

To Daniel:
Happy Teachers' Day!

On this special occassion, our class would like to express our heartfelt gratitude for your teaching and guidance even for a short week.

We recalled our enjoyable dis-cussion and the many valuable lessons you imparted. In 6 classes, we have learned learning skills in addition to text book knowledge, which has made us very useful.

Thank you again for everything, and we wish you a delightful ......?

▶ 学生的夸夸信

4. 未来赋能：启程未央（约 5 分钟）

教师引导学生闭上眼睛，想象 3 年后的自己站在高考起点，经历风雨，也更加坚定。随后，分发"未来信纸"，让每位学生写一封"写给未来高三的自己"的夸夸信，主题围绕"我欣赏现在的我""我想告诉你：你一直在进步""请不要忘记……"等方向。信件写完后，教师统一将其装入"时光盒"，并在高三启动仪式时返还。

该环节通过跨时间的自我对话，引导学生建立积极的自我认知图景，把当前的夸奖与力量延伸到未来的困难情境中，实现心理赋能的延迟性与持续性，建立成长型思维模式。

5.情绪封存（约5分钟）

教师结合学生在本次班会中的表现，总结关键词（如"发现""被看见""温暖""表达""成长"），并引用学生信件或发言中的片段，肯定学生表达中的真挚与成长。

> 我们今天不是在吹捧，而是在学习如何认真看待身边的人、如何认真看待自己。

在认知与情感的互动结束后，由教师以温和的方式"回收"情绪，使学生的情绪状态逐步趋于平稳。教师的总结旨在为活动构建理性框架，帮助学生理解本次体验的深层意义，将短时活动转化为长效认知结构。

四、讨论与反思

在实际的活动过程中，学生表现出极高的参与度。部分平日内向的学生在轻松氛围中也展现出了表达的意愿。多数学生表示"原来大家真的曾经注意过我""我以前没想过自己也能被喜欢"。教师观察发现，学生的夸奖语言从简单的标签化向具体化转变，如"我喜欢你帮大家发作业的习惯""你回答问题时的认真态度让我佩服"这些都表明学生的表达力与情感识别能力得到了发展。个别学生的信件内容展现出自我觉察与未来规划意识，体现了成长型思维的初步建立。

当然，在实际的班会过程中也会存在不足，例如个别学生的夸奖语言仍较空泛，以及部分学生对自我未来的想象缺乏情感投入。建议这些学生在信件写作前进行"记忆唤醒"或"情景回顾"训练，以激活表达素材储备。

五、延伸活动

为巩固班会成效，后续将开展以下拓展活动。首先，设立"夸夸墙"，分设"我眼中的你""本周之光""能量留言板"3个区域，学生可匿名留言，形成正向文化常态。其次，推行"夸夸大使"轮值制度，鼓励学生担任观察记录员，记录同伴的闪光时刻并公开播报，强化榜样激励的效果。最后，在月度班会中设置"暖心一刻"环节，让学生自荐或推荐身边人的温暖故事，在集体中分享正能量。通过机制化延伸，使夸奖成为班级生态的内在组成部分。

"夸夸会"班会活动在积极心理学理论的指导下，设计了三层递进式结构，从即时体验、情感书写到未来赋能，系统地激活学生的被认同感与班级的情感联结。该活动以趣味性切入、情感性深化和仪式感留存的方式，为构建积极向上的班级文化提供了有益实践经验。

非暴力沟通：

认知迁移与技能内化

在中学生活中，学生之间的交往比较频繁，同伴关系对他们在校园生活的幸福感有着极大的影响。在这一关键时期，良好的人际关系和交往技巧不仅有助于学生塑造健全的人格，还能促进学生的心理健康，减少学生的孤独感和焦虑感等不良情绪。然而，由于缺乏必要的沟通技巧，学生在人际交往中易出现沟通不畅的问题，甚至引发冲突。

非暴力沟通是一种以同理心为基础的沟通方式。它强调观察、感受、需求和请求4个要素，旨在促进人与人之间的理解和尊重，减少冲突和暴力。通过对非暴力沟通的学习和实践，学生可以更好地表达自己的感受和需求，同时可以更敏感地察觉和尊重他人的感受与需求，从而提升人际交往能力，建立更加和谐的人际关系。因此，举办以"非暴力沟通"为主题的班会，对于增进学生对他人的理解和尊重，提高学生的人际交往能力，以及促进校园和谐，具有重要的意义。

一、班会目标

认知目标： 了解非暴力沟通的基本概念和重要性，认识到暴力语言对人际关系的负面影响。

情感目标： 培养同理心，提升在人际交往中表达关心和理解的情感能力。

技能目标： 掌握非暴力沟通的基本方法，运用非暴力沟通解决人际关系中的问题。

二、班会准备

物资准备： 班会 PPT、写有场景内容的卡片（至少3张）、"情绪观察员"徽章（至少 3 个）、剧本杀卡片（每个小组 1 套，包括角色卡和线索卡，角色卡上面写着所有角色的表面行为，以及该角色的名称、隐藏情况和任务；线索卡上面则写着提示线索）、彩纸和纸盒（充当漂流瓶）。

场地布置： 在教室内布置小组讨论区，确保每个学生都能看到黑板。

三、班会主体活动

1. 导入游戏：情绪猜猜看（约 5 分钟）

教师邀请 3 组学生（每组 2 人）依次上台，抽取本组需要演绎的场景卡片，场景卡片上的场景有"因朋友传播自己的隐私而生气""因朋友不和自己说话而伤心""因组员不完成任务而无奈"。根据场景卡片上所写的内容，本组的 2 名表演者需要通过面部表情和肢体动作向全班学生演绎这一场景，全程不能说话。

其他学生在看完表演之后，猜测演绎的场景是什么，并填写以下的空格："因 ×× ＿＿＿＿ 而 ＿＿＿＿"。其中"××"代表人物，第一个空格处需填写 ×× 所做的事情，第二个空格处需填写表演者的情绪。猜对的学生可以获得"情绪观察员"徽章。通过直观的表演和肢体语言互动，学生可以迅速对班会内容产生兴趣，在观察中建立对他人情绪识别的敏感性，为后续语言沟通训练奠定观察基础。

2. 主题活动：解忧杂货店（约 8 分钟）

教师向学生展示两封求助信，这两封求助信来自两名匿名学生，他们希望教师和班级学生共同帮忙解决他们的困境。求助信的内容可以是班级学生当下遇到的人际关系问题。例如，第一封求助信的内容是：小明的好友与另一同学绝交，好友逼迫小明也删除这位同学的联系方式，小明一直和这位同学关系不错，不想删除这位同学的联系方式，但又怕好友不高兴。

第二封求助信的内容也与交友有关：小夏、小雨和小舟是好朋友，但小雨和小舟因共同参加摄影社，经常一起活动，共同话题也更多，小夏在看到他们两人在社交平台发的双人照后，觉得自己很多余。

教师展示了求助信后，要求学生分组进行讨论，帮助求助学生想出解决方案。随后，教师邀请不同小组用表演的方式展示本小组的解决方案。在小组表演的过程中，其他学生需注意观察和记录表演者的用语，以便在小组表演结束后，对表演者沟通的有效性进行评价。

匿名求助信能够为学生创造真实情境，激活学生应对人际冲突的原始经验，使其在自主讨论与表演中暴露自己惯用的解决策略，通过观察不同方案的效果，激发对沟通方式的反思，为后续系统学习非暴力沟通建立认知锚点，实现从经验直觉到方法探索的自然过渡。

3. 理论解码：非暴力沟通（约6分钟）

教师对各小组的表演进行评价和总结，引入"非暴力沟通"的概念，并系统地介绍非暴力沟通的4个基本要素：观察、感受、需求和请求。通过举例，教师详细解释以上每个要素的含义和应用方

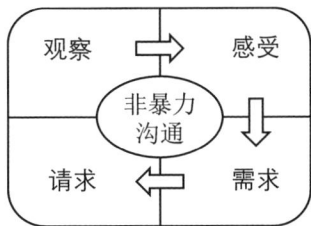

◄ 非暴力沟通的
4个基本要素

法。讲解完毕，教师可以请学生反思自己小组在上一环节提出的解决方案，并运用非暴力沟通的方法，优化自己的解决方案。

教师邀请部分小组展示新的方案，请班级学生做出评价。这一环节旨在帮助学生建立起对非暴力沟通的基本认识，通过"实践—理论—再实践"的闭环设计，促使学生在反思中认识暴力沟通与非暴力沟通的差异，实现认知升级。本次班会借助方案优化与展示，将抽象要素转化为具体沟通策略，通过同伴互评建立客观判断标准，最终强化"观察—感受—需求—请求"的工具迁移能力，完成从知道到理解的关键跨越。

4. 主题活动：解忧剧本杀（约15分钟）

为了使学生充分理解他人并深度应用非暴力沟通的方法，教师组织各组学生完成解忧剧本杀活动。在此活动中，学生用随机抽取角色的方式，扮演合作完成读书报告却在展示前一晚遇到 PPT 错乱、视频未剪辑等突发危机的小组成员。每人抽取的角色卡包含所有角色的公开行为，但大家只能看到自己角色的隐藏

解忧剧本杀

所有角色：
- 组长
- 资料员
- PPT整合员
- 演讲者
- 视频剪辑员
- 后勤协调员

▶ 解忧剧本杀

困境和任务，大家需要通过非暴力沟通，寻找线索、追溯问题根源，进而完成任务。每个小组设置 1 名观察员担任小组主持人，每当小组成员完成一次非暴力沟通，即可获得一条线索。

该活动强制要求使用"当＿＿＿＿＿＿（观察事实），我感到＿＿＿＿＿＿（情绪），因为需要＿＿＿＿＿＿（需求），能否＿＿＿＿＿（具体请求）？"的非暴力沟通句式，逐步解锁冲突背后的真实需求，让学生在解决问题的过程中自然掌握沟通策略，培养换位思考能力，通过集体破解冲突谜题，强化"合作需要共情而非指责"的班级共识。

5. 总结升华：暖心漂流瓶（约 6 分钟）

教师让学生每人匿名写下"最想对 ×× 同学表达的感谢或歉意"，投入"漂流瓶"。教师随机抽取几张纸条现场朗读，并最终对班会做出总结。一句真诚的"谢谢"或"对不起"，能消融许多隔阂，改善人际关系。

四、讨论与反思

1. 情境化学习设计，实现认知迁移

班会通过"情绪猜猜看""解忧杂货店""解忧剧本杀"等沉浸式活动，将非暴力沟通理论转化为可体验的

实践场景。学生在趣味活动中直观感知情绪识别的复杂性，在真实情景中自然应用"观察—感受—需求—请求"的非暴力沟通四要素。这种情境化设计突破了传统说教模式，将抽象概念具象为可操作的行为模板，有效推动了知识从"知道"到"会用"的转化。

2. 实践闭环构建，强化技能内化

该活动采用"暴露问题—学习理论—解决问题"的闭环逻辑。在"解忧杂货店"环节，学生先用本能策略应对匿名求助信中的矛盾，随后通过"理论解码"环节系统学习非暴力工具的使用，再以优化方案进行二次实践。这种"试错—反思—修正"的过程深度强化了学生非暴力沟通的思维模式与行为惯性。

3. 激发情感共鸣，培育共情文化

本次班会的活动情境设计精准击中中学生人际交往中的隐秘痛点，打破中学生人际交往中原有的刻板归因。通过集体讨论线索、理解他人处境的尝试，班级学生逐渐形成"冲突背后必有未被满足的需求"的共识。这种群体共情体验为构建"理解先于批判"的班级文化奠定了基础。

五、延伸活动

1. 暖心漂流瓶

教师在之后几个星期的班会中，每次朗读几条漂流瓶中的信息，并邀请学生继续书写"感谢"或"道歉"，为班级营造感恩和理解他人的氛围，创造良好的班级环境。

2. 解忧调解员

在班级内选出 5 名解忧调解员，让他们接受进阶培训（如非暴力沟通话术、情绪急救技巧的培训），轮值处理"解忧杂货店"信箱中的匿名求助。该计划将非暴力沟通从个人能力升级为班级公共服务体系，既赋予学生"冲突化解者"的责任感，又构建起同伴支持网络，并促使"用共情取代指责"成为班级文化基因。

学会拒绝：
人际断舍离的智慧

随着初高中学业压力的增加和人际交往复杂度的提升，学生在面对多样化的人际关系时，往往因害怕发生冲突或失去友谊而选择过度迎合他人。例如，把作业借给同学抄、被迫参加无意义的社交活动等行为，不仅分散了学生的学习精力，还可能导致他们出现情绪内耗和心理负担。

心理学研究表明，青少年阶段是建立自我边界的关键时期，正处于埃里克森所说的"自我同一性"的发展阶段，此时对"同伴认同"的需求显著增强，而"不敢拒绝"的行为往往源于对他人评价的过度在意。教师通过班会引导学生理性筛选人际关系、掌握拒绝的技巧，能够帮助其专注于目标、减轻心理负担，为未来的学习和生活奠定健康的心理基础。

一、班会目标

认知目标：理解"人际断舍离"的内涵，即断除无效社交、舍弃消耗型关系、脱离负面人际压力，其核心是筛选高质量关系；认识过度迎合对学习效率提升与心理健康的负面影响；明确拒绝是维护自我需求的合理权利。

情感目标： 减少因拒绝他人而产生的焦虑感，增强自我价值认同；培养尊重自己与他人的双向沟通意识，建立平等、舒适的人际关系观。

技能目标： 学会判断需要拒绝的场景；掌握温和而坚定的拒绝技巧，能在真实场景中应用拒绝策略。

二、班会准备

物资准备： 情景卡片（打印 10 个中学生常见的难以拒绝的场景，如朋友要求抄作业、被邀请熬夜打游戏、被强迫在考试中传递答案等）、多媒体设备（用于展示 PPT）。

场地布置： 将桌椅围成 U 形，方便学生互动和讨论。

三、班会主体活动

1. 情景导入（约 8 分钟）

1）由学生表演 3 个贴近生活的社交场景（约 3 分钟）

场景一： 作业危机。课间时，B 同学纠缠 A 同学借数学作业给自己抄。A 同学反复看表，欲言又止，最终默默递出作业。

场景二： 熬夜邀请。C 同学晚上接到 D 同学的电话："新开的这局缺人，少了你不行！" C 同学看着桌上的复习资料，犹豫着说："好吧！"

场景三： 挑战原则。E 同学被 F 同学要求帮忙隐瞒考试作弊，E 同学低头搓手，小声说："下不为例。"

2）表演结束后，教师提问与互动（约 5 分钟）

看到 A 同学递出作业时的眼神，你联想到自己的哪次经历？

你有没有因为不会拒绝而感到烦恼？为什么？

场景三中，E 同学的行为可能违反哪条校规？隐瞒考试作弊是否等于"帮助朋友"？

如果你勉强自己继续迎合朋友，可能会有什么后果？

本环节通过情景剧表演与互动提问，旨在以学生生活的真实情境为切入点，唤醒学生对人际交往中"拒绝困境"的共情体验，同时引导学生从感性认知上升到理性思考，引出拒绝的必要性。

2. 认知建构："什么是"人际断舍离"（约 10 分钟）

1）小组讨论（约 6 分钟）

每组抽取 1 个情景卡片，讨论是否需要拒绝及其原因，之后各组派代表分享结果，教师引导总结。

拒绝的核心是"尊重自己的时间与原则，也是对他人的真诚"。

情景一

你所在的小组要在课后完成一项小组作业，大家都分工明确。可是到了快交作业的时候，小组里的小林突然找到你说："兄弟，我不太会做我的那部分，你帮我做一下吧，不然咱们小组的作业就完不成了。"你再看看小林一脸恳求的样子，心里很矛盾，不想因为这件事影响小组的整体成绩，但帮他做作业好像也不太公平，也不利于他自己的成长，不知道该如何是好。

◀ 情景卡片一

情景二

你的亲戚家有个比你小几岁的孩子，他每次来你家玩的时候都会缠着你要这要那。有一次，他看中了你一本心爱的漫画书，死活要拿走，你很珍惜这本书，不想给他，但又怕拒绝后他会哭闹，让长辈觉得你小气不懂事，在亲戚面前很没面子。

◀ 情景卡片二

2）概念解读（约4分钟）

教师结合学生视角，解读"人际断舍离"的概念，即断开不得不维持的虚假关系（例如，因"怕被说坏话"而讨好的同学）、舍弃消耗型互动（例如，每天花1小时陪同学闲聊）、脱离让自己压抑的社交压力（例如，被要求一起做违背原则的事）。

本环节通过"情景体验→理性归纳→价值认同"的路径，让学生在具体矛盾中理解"人际断舍离"的本质不是简单的拒绝，而是通过筛选关系来守护自我成长的时间、精力与原则，为后续学习拒绝技巧、应对真实的社交困境建立认知支撑。

3. 技能学习：如何礼貌拒绝（约15分钟）

1）结合情景，展示拒绝技巧（约5分钟）

在表示拒绝时，可以使用"三明治法则"的技巧，也就是把"肯定动机""陈述困难""提供方案"三者结合起来。例如，"你想按时交作业的态度特别好（肯定动机），但直接抄会让你错过巩固知识点的机会（陈述困难），我用红笔标出重点步骤，你对照着写，不懂的地方我们午休时讨论（提供方案）"。

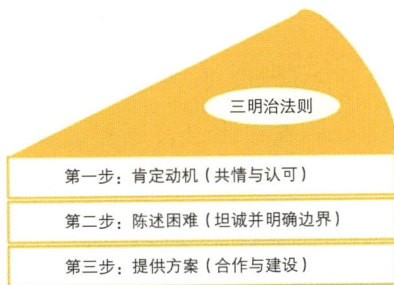

三明治法则

第一步：肯定动机（共情与认可）

第二步：陈述困难（坦诚并明确边界）

第三步：提供方案（合作与建设）

▲ 礼貌拒绝的"三明治法则"

此外，采用"自我暴露法"进行透明化沟通也是一种拒绝的方式。例如，"其实我特别想和你们去动漫展览会（共情），但妈妈帮我预约了周末的数学一对一辅导，上次我月考成绩下滑，她很担心（困境），下次动漫展览会我提前 3 个月准备，咱们一起组队扮演好不好？（期待）"。

最后，用"转移法"提供替代方案也是可行的拒绝方式。例如，"打游戏可能要熬夜（后果提醒），要不我们周末去公园打羽毛球？（新提议）"。

2）结合情景，练习拒绝技巧（约 5 分钟）

学生根据在上一环节抽取到的情景，在小组内讨论解决方案，并用所学技巧练习拒绝，在小组间进行交换分享。

3）非语言沟通微训练（约 5 分钟）

拒绝时，你的语气和表情应该是怎样的？如何让对方感受到拒绝他不等于否定他？

学生分享观点后，教师示范对比"生硬拒绝"（皱眉、语速快）与"温和拒绝"（微笑、点头、放慢语速）的差异，强调"身体表达比语言更有说服力"。

拒绝不是冷漠，而是对双方时间的尊重。真正的朋友不会因合理拒绝而离开你。

通过技巧学习和场景演练，学生从知道要拒绝进阶到敢拒绝、会拒绝，学会了具体、实用的沟通方法，认识到拒绝不会破坏真正的关系，实现了从被动迎合到主动筛选的社交认知升级。

4. 总结讨论（约5分钟）

1）学生讨论（约3分钟）

回忆一次因没拒绝而后悔的事，当时的你在害怕什么？如果现在重来，你会如何运用今天的技巧？

你觉得在家庭中，是否也需要"断舍离"？例如，父母总在你写作业时送水果，你觉得是关心还是打扰？如何用"三明治法则"和他们沟通？

2）教师总结（约2分钟）

真正的成熟是学会在"善意"与"自我"之间"走

钢丝"。今天我们不是在学习拒绝的技巧，而是在练习建立自己的优先级。当你说"不"时，不是关上友谊的门，而是为真正的同行者点亮一盏灯——告诉对方："我重视我们的关系，但我也在认真对待自己的目标，这才是对彼此最大的负责。"

希望大家学会让拒绝成为成长的铠甲，而非破坏人际关系的利刃。拒绝不是自私，而是对自己和他人负责的表现。愿你们的拒绝，像竹子一样——竹节坚硬，却不刺伤他人；竹身中空，却能容纳天地。

四、讨论与反思

本设计以初高中学生的学业压力与社交矛盾为切入点，案例真实，引发共鸣。它通过情景体验、角色扮演、小组讨论，让学生在互动中理解"拒绝"的合理性，避免说教，既化解不敢拒绝的心理负担，又提供可操作的沟通技巧，帮助学生建立健康人际边界，兼具适切性与实践性。后续可引入心理量表进行前后对比，量化评估教育成效，还可针对学生个体差异调整策略，例如为内向学生提供书面表达替代方案等。

▌五、延伸活动

1. "共读一本书"活动

全班分为两组，分别阅读《被讨厌的勇气》和《非暴力沟通》，读后做读书分享。

2. "我的人际断舍离周记"活动

学生连续一周记录"我拒绝了什么？""拒绝后的感受如何？""对方的反应如何？"班会后分享收获。

3. 主题辩论赛

正方为"拒绝他人是成熟的标志"，反方为"拒绝他人会伤害人际关系"。鼓励学生从不同角度思考拒绝的意义。

成长共同体：
让学习小组落地生根

中学生正处于性格养成的关键阶段，团结合作作为现代人必备的技能，其重要意义不言而喻。"独木孤单难成行，滴水集成汇海洋"正是这一永恒话题的生动写照。由于缺少与兄弟姐妹结伴成长的机会，现在的学生难以发展团结合作意识，进而导致许多人在学校生活中表现出不善于合作交往的弱点。因此，加强学生的团结意识培养，提升其团结合作能力显得尤为重要。

一、班会目标

认知目标： 合作学习离我们并不遥远，通过总结反思强化合作的必要性，并通过设计周末学习小组活动和班级自治的行动，践行合作理念，构建班级学生成长共同体。

情感目标： 以中非合作区域间资源调配为切入点，通过剖析学生对合作互惠共赢的感知，引导其结合在校生活，进行反思总结，树立民族自豪感。

技能目标： 从已学知识入手，由地理课实时热点内容切入，呈现"跨区域合作"主题，正确认识人类命运共同体，理性看待跨区域合作。

二、班会准备

物资准备： 水果 2 个、大白纸、水彩笔、中非论坛视频资料。

场地布置： 布置简洁而安静的教室，同时将桌椅按小组形式摆放，为学生创造一个便于合作、讨论的环境。

三、班会主体活动

1. 热身活动（约 3 分钟）

课堂可通过一场别开生面的"大力士比拼"游戏拉开序幕。教师介绍游戏规则，即两位大力士通过拔河的方式分别去拿两边的苹果。教师邀请两名大力士上台接受挑战，其他同学观看游戏，并思考不同的行动所能带来的不同结果。教师结合学生发言进行总结，强调合作共赢，斗力不但拿不到苹果，反而有可能"两败俱伤"，合作却能轻松拿到苹果。

游戏是学生十分喜欢的教育形式之一，利用游戏导入课题可以迅速吸引学生的注意力。通过亲身体验，学生能真切地感知团结的力量，怀着浓厚的兴趣参与接下来的环节。

2. 班级协作时光机（约13分钟）

1）忆合作往昔（约5分钟）

教师带领学生回顾班级建设过程，提出任务，即"限时5分钟，组内每个人分享一件自己看到的或参与其中的发生在班级内的合作故事，并说出至少一条令本次合作案例成功的重要条件。小组内部分享时，组内其他成员记录"。

在运动会接力赛中，成员间彼此信任、默契配合。赛前的训练促进了队伍的磨合。

合理分工，发挥每个人的优势，面对困难不退缩，共同想办法解决问题。

积极的团队参与度，需要每个人为集体贡献力量；开放包容的讨论氛围，能接纳不同的想法。

2）寻成功密钥（约 8 分钟）

组内成员分享故事后，大家共同凝练出合作成功的必要因素，并将其写在大白纸上，每组限时 1 分钟进行简报解说。学生通过回忆发生在班级内的合作故事，在小组内与同学分享、交流合作经验及其益处，最终凝聚共识并进行汇报。

此环节旨在通过回顾班级合作故事，锻炼学生的表达与倾听能力，引导学生思考合作的意义。通过总结合作成功的必要因素，培养学生的团队协作精神与总结归纳能力。限时简报解说则可提升学生的时间管理与公众表达能力，最终促进班级凝聚力的提升与经验的传承。

3. 设计周末小组活动（约12分钟）

1）循成功密钥，启合作新程（约5分钟）

在"班级协作时光机"环节中，学生探寻到了合作成功的必要因素，学生需进一步迎接新挑战——设计本周末的小组活动。活动的主题、内容和时间由各小组自行确定。活动内容与形式要积极向上，确保无安全隐患，具备切实可行性，以便每位学生都能在实践中深化对团队合作的理解。

2）方案汇报秀，限时答辩局（约7分钟）

每组依次进行汇报，介绍本组的周末小组活动设计方案，限时1分钟。汇报结束后，汇报组可抽取其他组的序号，向被抽中的小组发起情境答辩挑战，即提出被抽小组在活动过程中可能遇到的难题，被抽小组需在30秒内作答。

首先，借"循成功密钥，启合作新程"引导学生参考合作成功的必要因素设计活动，在实践筹备中深化对团队合作的理解。然后，通过"方案汇报秀，限时答辩局"，以汇报的方式锻炼表达能力，用限时答辩模拟解决实际问题的过程，提升学生的应变与协作能力，强化其团队合作意识。

4. 人类命运共同体（约 8 分钟）

1）展示不同尺度的区域合作（约 2 分钟）

教师展示材料《中巴经济走廊远景规划（2017—2023 年）》。该规划将共建"一带一路"倡议与巴基斯坦"愿景 2025"深入对接，指导"走廊"的建设规划，并推动两国协同发展。学生需从中巴合作的清洁能源项目中任选一种，分析两国合作开发该能源的可行性。

2）集体智慧汇总（约 4 分钟）

每位学生提交一份自己对于这一问题的见解，并由大数据进行汇总，分类后进行展示。

巴基斯坦光照充足，有广阔的沙漠地带，适合建设太阳能发电站；中国在太阳能开发技术与资金方面有优势，能为巴基斯坦提供技术支持与投资，助力巴基斯坦将太阳能资源转化为电能，实现两国优势互补。

巴基斯坦能源短缺，制约其发展，开发水能资源可缓解其能源紧张，促进其经济增长，而中国在水电建设方面经验丰富、技术成熟，双方合作能为巴基斯坦培养专业人才，带动当地相关产业发展，实现共同发展。

3）教师总结（约2分钟）

区域差异促使区域间要素流动并形成区域关联，进而推动更广阔区域的发展。中国秉持长远目标，以大国担当推动构建人类命运共同体。

四、讨论与反思

本次班会以游戏引入"合作"主题，借回顾班级合作故事、设计周末小组活动，锻炼学生多方面能力，深化学生对合作的理解。在中巴清洁能源的合作探讨中，引导学生思考区域合作。整体环节紧凑、形式丰富，但需要注意更精准地把控小组讨论时间，答辩环节的问题也可设置得更具启发性，以便更好地激发学生思维。

五、延伸活动

开展"合作之星"评选活动。在接下来的一个月内，鼓励学生在日常学习和生活中积极践行合作理念。每周由小组内部推选一名本周在合作方面表现突出的成员，参与班级"合作之星"的角逐。最终，由全班学生投票选出每月的"合作之星"，并在班级荣誉墙展示其照片和事迹。同时，"合作之星"需分享自己的合作经验，激励更多同学重视合作，让合作精神融入班级日常，不断提升班级凝聚力，深化协作文化。

人际沟通：

"班代会"应该怎样开

中学阶段的学生正处于青春期，面临着自我同一性与角色混乱的冲突，这一时期他们迫切需要融入集体、找到自己在社会中的位置。发展良好的人际关系是解决这一冲突的关键。班级作为微型社会，为学生提供了发展人际关系的"土壤"。开展"班代会"主题活动，旨在培养学生互利、互助、共好的核心素养。

当学生能够在班级中成功地协调人际关系、与同学建立深厚的友谊、为集体做出贡献时，他们会获得一种自我认同感和归属感，觉得自己是有价值的、被需要的，从而顺利度过这一发展阶段，向成熟的社会人迈进。

一、班会目标

认知目标： 通过"班代会"提升人际沟通能力，明确责任意识，促进集体协作与个人成长。

情感目标：通过一次次成功的班级活动，让学生看到集体共同进步的力量，学生逐渐将互利、互助、共好的素养内化，进而成长为有社会担当、懂得合作共赢的社会人。

技能目标：在"班代会"讨论班级事务时，学生能够运用逻辑思维分析不同方案的利弊。考虑到不同学生的需求和感受，这种思维层面的锻炼有助于他们更好地处理人际互动中的复杂信息，提升人际沟通的质量。

二、班会准备

物资准备：打印好的讨论报告方案、表格，以及PPT课件。

场地布置：将桌椅摆放成圆形，便于学生间的交流。

三、班会主体活动

1. 热身活动（约3分钟）

上周班会课上，教师带领学生开展了"我心目中的班级关键词"调查。根据生成的词云图，找出"团结""和谐""互助""友爱"等高频关键词。下面，请学生共同思考：如何结合这些美好的词汇，实现"班级为人人，人人为班级"这一愿景？

▶ 班级期望与愿景

2. 介绍"班代会"（约5分钟）

　　本次班会根据以下6个方面设立"班级建设纪律委员""书香小代表"团队、"体育小代表"团队、"宣传小代表"团队、"卫生小代表"团队、"主创小代表"团队。班会课上，小组负责人可带领组员在全班学生面前，就初步形成的班级建设方案展开公开商议。商议的结果可参见下表。

班级建设方案表

"班级建设纪律委员"讨论提纲初稿	1. 班级迟到怎么处理？ 2. 自习课保证（签到和纪律） 3. 跑操纪律 4. 手机使用管理
"书香小代表"团队讨论提纲初稿	1. 班会课设计（共4节：2节学科拓展+2节读书分享） 2. 如何帮助同学们互助学习？（课代表）
"体育小代表"团队讨论提纲初稿	筹办班级运动会，包括羽毛球比赛、踢毽子比赛、跳大绳比赛等趣味运动赛事（需要筹划场地、制定比赛规则，并动员全班同学共同参与）

"宣传小代表"团队讨论提纲初稿	班级海报及班级空间文化布置，包括班级内外墙、后黑板板报、绿萝等整体环境布置
"卫生小代表"团队讨论提纲初稿	1. 卫生保证 2. 确定卫生大扫除的频率，重点清理书架、讲台等容易堆积杂物的角落 3. 同学关灯关空调及班级自觉形成公约
"主创小代表"团队讨论提纲初稿	策划本学期学校/学年大型活动，需涵盖参与人员分工、时间节点规划、物资调配方案、活动流程设计及预算编制等内容

希望同学们继续充分发挥团队协作精神，积极参与到讨论中，将个人智慧与集体力量凝聚起来，为班级建设出谋划策、贡献力量。

在这个活动过程中，学生在前方主导策划与教学，教师退到后方进行引导与支援，从而锻炼学生的人际沟通能力。在 PPT 展示环节，小组内每位学生都需要发言。

3."班代会"议程开展（约 28 分钟）

1)"班级建设纪律委员"与"卫生小代表"团队分享（约 10 分钟）

可设值日班长。值日班长可由全体同学轮值，班长负责轮流名单的执行。

迟到处理： 值日班长每天早上记录迟到同学名单。如因病或其他不可抗力因素导致迟到，需提前向班主任请假报备，经核实后特殊情况下的迟到不计入迟到记录。

自习纪律： 值日班长负责清点人数并提醒当天自习，各位同学遵守自习规则，如发现违反情况，应及时劝阻，并及时与班主任沟通汇报。

跑操： 体育委员跑操时间及时记录出勤情况，并及时与班主任沟通汇报。安排一名同学提醒全班同学按时到操场跑操。

卫生： 日常值日时间主要分为两部分，负责黑板的同学在课后及时擦黑板，保证下一节课教师的黑板使用；每天的大值日安排在傍晚的五点半到六点，学生需在规定时间内完成桌椅摆放、收拾讲台、扫地，拖地工作。特殊情况（如大型活动后或每月大扫除），根据实际需要安排额外的清洁时间及人员。

手机管理： 原则上所有学生不得携带任何电子设备进入学校和教室，如确有需要，应在征得家长同意后，填写"携带手机入校申请表"并由家长签字交由班主任审批获得许可后方可携带电子通信设备入校。但手机及其他电子设备一律不得外显。

在讨论过程中，学生需要对两个小组初步拟定的班级文明公约进行修改和完善，所有人都可以提出自己的看法和意见，确保大家都能够理解和遵守班级文明公约。学生提议，可以将惩罚转化为积极促进学生成长和自我管理的方式。

其他同学提供额外的意见修改，例如未请假缺勤跑操的同学利用当天课余时间进行同样圈数的补跑，由体育委员监督；值日做得不好的同学需要经过劳动委员培训，再做一定天数的值日；迟到的同学在不影响其他同学早读的前提下安静进班学习，并在一周之内第一次迟到时对其进行记录提醒；第二次迟到时则对其进行惩罚，例如额外在第二天自习课上分享一道例题 / 一个知识点或默写《红楼梦》里的诗词；连续迟到 3 次及以上时则罚其在班会课上诗朗诵 1 次（中文或英文均可），由班长和班主任共同监督。

2）"书香小代表"与"体育小代表"团队分享（约 10 分钟）

班级"你画我猜学科竞赛"活动的开展

从最近所学学科的知识范围中选择主题关键词，如科学原理、文学作品等。

绘画创作：小组内成员根据主题进行绘画创作。在绘画过程中，可以运用各种绘画技巧和表现手法，但要尽量清晰地表达主题。

猜谜环节：其他小组根据绘画作品猜谜。在猜谜过程中，可以提问、讨论，直到猜出正确答案。

计分： 猜对答案的小组获得相应分数，每道谜题的分数根据题目难度和完成情况确定。

班级运动会"羽毛球比赛"活动的开展

比赛环节： 6 组抽签分 3 次对决，每次小组赛以 5 分为赛点；积分直接计入总成绩。

附加环节： 趣味团体接力比赛形式，每个小组各推选 5 名选手（男女不限）参赛。比赛方法是，每人打一拍，循环接力；3 局 2 胜制，获胜队积 2 分，直接计入总成绩。

加赛环节： 积分最高的同分队伍进行对决，每次小组赛以 5 分为赛点，最终决出冠军组。

在讨论过程中，有学生希望在班级中建立互助机制，帮助同学解决学习和生活中的困难；也有学生提议结合选科邀请专家开设学术讲座；还有学生提议开展读书分享活动，例如共读《古文观止》、唐宋八大家系列、人物传记等内容。对于体育方面，学生们建议继续开展篮球赛、乒乓球赛、校园寻宝活动等多种形式的班级运动会活动。

其他同学提议的素材互助机制有：①寻找自己的导师，可以是任课教师，也可以是同学，定期与导师进行答疑及专题探讨，反馈自己学习或生活中遇到的问题；

②课代表、对某学科有优势的学生，以及该学科有待提升的学生组成小组，梳理本周学习重难点（可由任课教师协助），整理教师课上经典例题的详细解析，并将其发至班级群中；③假期时间，可以3人一组，形成学习共同体，相互陪伴、相互督促。

3）"宣传小代表"与"主创小代表"团队分享（约8分钟）

本环节通过布置班级空间，营造出积极向上、富有活力的氛围，使学生在舒适的环境中学习和成长。由于要结合具体的主题和活动任务进行宣传和创造，这里展示的成果不具体展开，仅展示学生们活动策划方案的框架。

完成时间：……

责任人：×××

任务名称：……

任务内容：……

时间节点：……

任务分配相关人：×××

所需场地、物资：……

有学生提议，设置班级生日小天使，为小寿星在班级黑板报上设计祝福语；结合选科特色，设计班级的主题板报；班级每月拍摄一张集体照，为同学们留下美好回忆。

▌四、讨论与反思

班级会议是班会的一种形式，是师生在教室里共同召开的。召开班级会议的目的是讨论、解决学生在实际班级生活中遇到的问题。学生是班级会议的主体，有权利讨论，也有能力解决班级生活中遇到的各种问题。学生参与班级事务、管理自己的集体生活，有助于提升学生的自我管理能力。在这个过程中，学生学会了分配工作、协调工作，因而变得更愿意参加班级活动。

"班级建设纪律委员"：维护班级规章制度

"书香小代表"团队：建设班级学风

"体育小代表"团队：建设班级体育文化

"宣传小代表"团队：建设班级空间文化

"卫生小代表"团队：维护班级卫生

"主创小代表"团队：设计大型活动

班级建设包括班级规章制度的维护、班级学风的建设、班级体育文化的建设、班级空间文化的建设、班级卫生的维护、大型活动的设计几个方面。在讨论班级规章制度的修订时，学生要考虑如何制定规则才能既保障个人权益又促进班级整体发展，这需要他们站在他人的角度思考，学会互利；在组织班级活动时，主要负责人要动员全体学生参与，互相协助完成任务，强化互助精神。

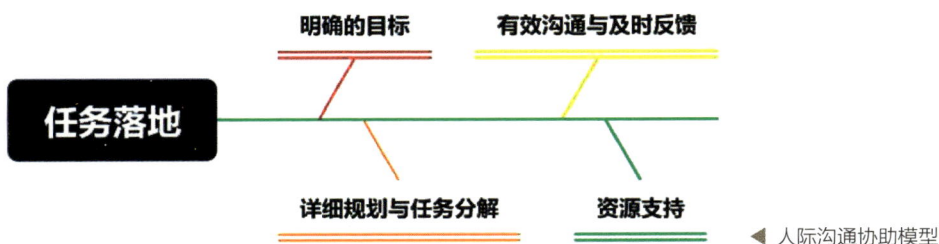

任务落地 — 明确的目标 — 有效沟通与及时反馈 — 详细规划与任务分解 — 资源支持

◀ 人际沟通协助模型

未来不管是班级活动，还是其他任务，学生都要学会借助团队的力量，通过团队协作，发挥每个人的特长，共同解决问题。在团队合作过程中，沟通和交流至关重要。学生要学会倾听他人的意见和想法，表达自己的观点和感受。只有这样，才能更好地理解彼此，实现团队的目标。相信未来无论是不是班委，每一位同学都能成为班级的负责人。

五、延伸活动

小组具体负责人完成本次班代会的组织活动策划内容，根据实际情况及时调整计划和策略。同时，教师提前召集班委开会，大家可以借鉴这次班代会的模式，想一想接下来大家在新学期还要开展哪些活动？如何提前布局？如何分组？怎样实现多方调研？

班委提交的下学期第二次班代会的设想包括以下3条。

（1）班级班号＋班歌创作团队。

（2）志愿行动：我为校庆做些什么？

（3）3个大型活动策划。

班委先共同商量出讨论提纲，班长重新安排全班同学分组，而教师则作为"顾问"参加班级会议，要及时给予反馈和评价，提供资源保障。在协作项目的多元场景下，学生学会倾听他人、发挥优势、共克难题，进而成长为兼具高尚品德、责任感与卓越协作能力的新时代青年。

团队互助：
吹散头顶的乌云

在当下的教育环境中，学习与成长是青少年最为重要的任务。然而，大部分学生在学习过程中处于独自奋战的状态，同时与同学之间存在竞争关系。但青少年主要的成长环境是学校和班级这样的群体环境，倘若竞争意识过度强烈，学生很容易产生不安全感，进而引发焦虑等一系列问题，这对学生的身心健康和成长发展都极为不利。

相反，如果能得到他人的大力支持，学生就会不断激发自身潜力，提升效能，努力克服困难，探索出属于自己的成长道路。对青少年而言，这些支持除了来自家长和教师，更多地来自同伴。青少年之间相互陪伴、学习和影响，对其一生的发展有着至关重要的作用。

一、班会目标

认知目标： 理解、认识困难背后的个人需求，理解互助对个人与他人的意义，建立完整的团队观念。

情感目标： 在班集体内打造能够更加密切合作的团队，让学生更有归属感；提升班级内的互助氛围，让学生感受到互助的成就感，提升学生之间的信任。

技能目标： 提升面对困难和问题时的沟通、合作能力；提升寻求帮助的能力；提升帮助他人的能力，找到帮助他人的角度。

二、班会准备

物资准备： 每人 1 张纸、1 支笔、1 套有各种图像的照片（如红花卡，每组发放约 10 张照片），头戴卡片（每组 1 张小乌云卡片和 5 张小太阳卡片或风卡片）。

▶ 头戴卡片图示

场地布置： 以小组围坐的形式准备桌椅，每个小组有 6 人。

三、班会主体活动

1. 我的故事（约10分钟）

在小组活动中，每名学生都需要从多张照片里挑选出一张最契合自己的。选好后，学生依据这张照片，简单分享一段故事，并坦诚说出自己目前遭遇的困惑或困难，表达希望得到他人怎样的帮助。分享结束，每个小组展开投票，选出一位同学的故事作为后续大家共同讨论的主题。提出自身困难的同学会被赋予"受助人"的身份，在头顶戴上象征烦恼的小乌云卡片；而小组内其余同学则成为"帮助人"，在头顶戴上代表希望与温暖的风卡片或小太阳卡片，齐心协力帮"受助人"排忧解难。

2. 迎接挑战，认知困境（约18分钟）

1）拨开迷雾，深入探索（约15分钟）

根据"受助人"讲述的困惑，每位"帮助人"逐一用简洁的语言向"受助人"提出开放性问题。同时，"受助人"用简洁的语言回答问题。一位同学发言时，其他同学需要专注聆听。

教师需要讲解什么是开放性问题。开放性问题首先不能是选择性问题，其次不能把自己的建议"包装"成问题。例如："你是不是这样想的？"是一个选择性问题，可以替换成"你是怎么想的？"；"你为什么不这么做呢？"是一个建议性问题，可以替换成"你都做过哪些努力呢？"

2）乌云的背后是什么（约3分钟）

经过第一轮的讨论，每一位"帮助人"都要组织精练的语言，面向"受助人"说一句话："我听到了你的困难，我认为你真正的挑战是……"

在所有"帮助人"都说完后，"受助人"可以充分思考并提炼说："我认为我真正的挑战是……"

3. 共同吹散乌云（约8分钟）

针对"受助人"提出的挑战，小组内"帮助人"依次发言，帮助"受助人"决定接下来的行动，如"为了应对这个挑战，我们可以从这些角度进行思考……""我曾经有过类似的经验可以参考……""在这件事中，我可以在这些方面帮助你……"

接下来，"受助人"自己进行小结："面对这个挑战，我可以做……我可以收获的帮助有……我现在的心情是……"总结完之后，"受助人"可以选择是否将小乌云卡片从头上拿下来。如果他将小乌云卡片拿下来，就表示他有信心面对接下来的挑战。

4. 我们的收获（约 4 分钟）

小组内成员自由交流。首先，感谢大家今天的合作；其次，分享在小组活动中得到的收获，包括自己学习到什么，我们作为一个团队学习到什么，活动中大家做得好的地方有哪些，未来还可以做得更好的有哪些。

小组内自由交流结束后，教师随机选择"受助人"和"帮助人"来分享自己今天最大的收获与感受。

四、讨论与反思

整个班会活动分为两条线。主线为帮助"受助人"学生解决问题，让学生在解决问题的过程中，学习到团队沟通、分析问题、主动寻求帮助、获取资源的方法和技巧；副线则是让学生在活动过程中体验被支持的安全感与支持他人的成就感。这两条线在最后学生总结收获时由暗转明，为班集体氛围的塑造奠定了坚实的情感与行动基础。学生一方面能够解决真实的困难和问题，另一方面学习到了高效的方法策略。

该班会设计从提出问题、深入讨论，到探寻本质、找到行动方法，再到提升学习，层层递进、由浅及深地找到问题症结和解决方案。在此过程中，教师需要不断地对学生进行示范、反馈、纠正、引导，让学生在做中学，出现错误时有机会及时进行下一次尝试，能够很好地锻炼学生的能力。共同讨论的形式，既能让学生的收获外显，也能让学生感受到不同的人会有不同的收获，这样才能成为集体的收获。

我们的收获
团队共同成长

三、共同吹散乌云
团队共同找到行动方法
与解决方案

我的故事

一、拨开迷雾，深入探索
提出问题、深入讨论
带着好奇心了解"受助人"
的困扰

二、乌云的背后是什么
探寻本质，找到问题的症
结所在

▶ 班会过程反思总结

结合延伸活动，这种班会很适合多次开展。因为它不仅能够解决学生个人的问题，还可以让学生讨论班级的目标、发展等很多共性问题。班会上采用的讨论方式也适用于学生自己进行学习小组讨论。它能不断给予学生团队合作的正向反馈，从而打造出良好的合作环境。

五、延伸活动

在教室中放置一个空的透明瓶子，为每位同学发放小乌云卡片和小太阳卡片。在接下来的一个学期里，各个小组可以采用相同的方式开展小组活动，成员间相互协作，努力吹散彼此头顶的"小乌云"，小组成员也可以运用自己独特的方式去帮助他人。每当同学们觉得自己帮助了别人，就往玻璃瓶里投入一张小太阳卡片；每当同学们觉得自己被别人帮助了，就往玻璃瓶里投入一张小乌云卡片。学期末，大家一起观察玻璃瓶中的卡片情况，然后通过班会分享的形式，共同探讨班级氛围的变化及各自在这个过程中得到的收获。

良性竞争：

绘制比较转化表

中学生处于自我认同形成关键期，常通过与他人比较获取自我价值感。不当的社会比较易导致焦虑或自负，需引导其建立科学的比较认知，将竞争压力转化为成长动力。

一、班会目标

认知目标： 引导学生理解与他人作比较的双面性，识别向上比较、向下比较的影响。通过分析过度向上比较导致的焦虑感、过度向下比较产生的虚假优越感，以及合理比较对自我定位的积极意义，帮助学生建立"比较是工具而非标尺"的理性认知。

情感目标： 帮助学生减少因比较产生的嫉妒或自卑感，增强自我接纳。借助情绪卡片分类活动，让学生在体验中觉察比较引发的负面情绪根源。通过"比较温度计"可视化工具，呈现比较行为与情绪波动的关系，引导学生接纳"不完美但持续进步的自己",培养学生"与昨天的我赛跑"的内在稳定感。

技能目标： 帮助学生掌握"三维健康比较法"，学会将竞争压力转化为行动策略。基于心理学"认知重构"原理，训练学生运用"纵向比进步、横向借方法"的二维法则。通过比较转化表的实战演练，引导学生将"同桌数学成绩比我好"的挫败感转化为"学习他的错题整理技巧"的具体计划，最终形成"觉察—反思—行动"的良性循环机制。

二、班会准备

课前统计： 学生匿名问卷结果统计图，课前调查"你最常比较的指标"（如成绩、身高、颜值等）。

物资准备： 收集动态词云，在投影屏上展示动态词云，呈现课前收集的高频比较维度。

三、班会主体活动

1. 和别人比一比（约5分钟）

教师组织全体学生参与互动游戏，依次发布"比身高""比体重"等直观指令，有意者向前一步并举手，随后将指令升级为"比数学成绩""比体育成绩"等显性指标，最后以"比帮助他人的次数""比诚信程度"收尾，引导学生体验从外在比较到内在比较的转变。

当比较标准从身高、体重等物理特征变为品德行为时，教师追问："看不见的指标该如何衡量？你的焦虑感有变化吗？"让学生通过切身体验与即时反思，触发其对"比较"本质的思考，为讲解理论铺垫认知冲突。

该游戏通过梯度设计能够实现三重意图：其一，以肢体互动激活课堂氛围，将抽象理论转化为可感知的体验；其二，通过从物理特征到品德行为的比较转换，直观呈现标准的主观选择性；其三，制造"无法量化隐性指标"的认知矛盾，为后续教学埋下认知锚点。

2. 认识社会比较理论（约10分钟）

引导学生分析横向比较的不同维度。首先引导学生探讨"与优秀者比较"的优缺点，总结优点是可以带来动力的。结合全红婵在接受采访时说的话"我觉得其实还可以再拼一拼，去做到自己想成为的那个样子"。说明适度向上比较可激活成长型思维，将差距转化为训练计划。但过度的向上比较同样会带来压力，影响个体发展和身心健康。

再引导学生探讨"与落后群体比较"的优缺点，总结其优点是可以带来舒缓感。展示班级问卷数据：68%的学生在考试失利后通过"还有人比我更低"进行自我安慰。强调这种比较如同"心理创可贴"，虽能短暂缓解焦虑，但长期使用可能会导致原地徘徊、停滞不前，最终仍需回归自我提升。

该环节通过引导学生理性分析不同比较方法的优缺点，将抽象的社会比较内容的核心观点转化为学生可以理解的内容。该环节注重观点呈现而非价值评价，引导学生认识到比较是一个正常的行为，是一个安抚自我和激励自我进步的工具。

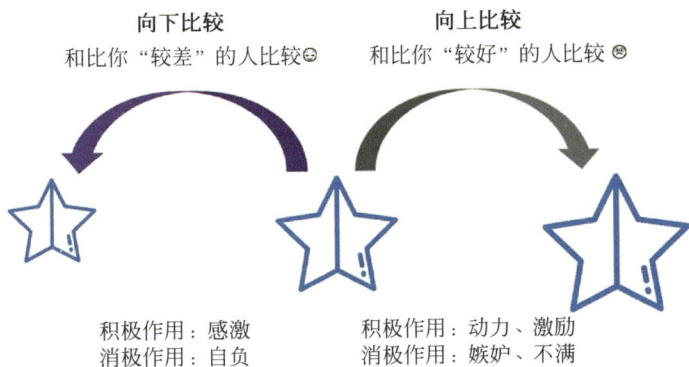

向下比较
和比你"较差"的人比较☺

向上比较
和比你"较好"的人比较☹

积极作用：感激
消极作用：自负

积极作用：动力、激励
消极作用：嫉妒、不满

◀ 社会比较理论：向上比较与向下比较

3. 和自己比一比（约 5 分钟）

组织全体学生继续参与互动游戏，进一步发布"比进步幅度""比努力程度"等隐性指标的比较指令。发放"成长刻度尺"卡片，要求学生在背面匿名书写：①本月最大的进步（如"解出 5 道曾经不会的数学题"）；②相比 3 个月前的自己提升了哪些能力。随机抽取卡片并朗读，请全班猜测书写者，自然呈现纵向成长的可视化。

该环节通过具象化个人进步轨迹，将注意力从"他比我强"转向"我比昨天好"，完成横向焦虑到纵向动力的认知迁移，引导学生意识到：每个人都在以独特的速度成长，横向对比如同比较苹果与橙子——品类不同却各有价值。强化学生"超越自我即胜利"的认知，使其认识到比较并不是一个静态的标尺，而是一个动态的参考标准。

4. 重构比较维度（约 10 分钟）

PPT 呈现问卷矛盾点：92% 的学生主要比较成绩，85% 的学生内心更渴望被认可努力度。事实上，健康的比较需在"仰望星空"与"脚踏实地"间动态调整，既保有关注卓越者的眼界，又保持认可自我节奏的智慧。

教师引导学生完成比较转化表，学生以 3 人或 4 人小组剖析真实案例。例如，当某组填写"同桌数学高我 10 分会引发焦虑"时，教师引导其观察"他每天用红蓝双色笔标注错题类型，这个技巧我可以试试"；另一组填写"好友跑步比我快引发沮丧"后，教师引导其发现"她训练前做动态拉伸，这能避免受伤"，将嫉妒转为学习方法收集。

该环节通过具体场景拆解，训练"问题翻译"能力——把"别人比我强"的结论性焦虑转化为"哪里值得学"的过程性探究；用表格框架强制完成认知转换，即第一列呈现本能反应，第二列宣泄情绪，第三列指向行动，形成"情绪缓冲—理性分析—策略产出"的思维链。

5. 制订个人行动指南（约3分钟）

教师引导学生完成个人化的"比较宣言"书写任务。每位学生在纸上填写："当我忍不住和 ＿＿＿＿＿（对象）比 ＿＿＿＿＿（方面）时，我会选择 ＿＿＿＿＿（具体行动）来 ＿＿＿＿＿（专注自我成长）。"例如，一位学生写道："当我忍不住和小明比数学成绩时，我会选择每天额外练习两道错题来提升自己的薄弱环节。"

┃ 四、讨论与反思

教师通过递进式提问引导学生深入思考比较行为的影响。首先，教师可以引出话题："请大家回忆一下，什么样的比较曾让你感到快乐？"待学生分享后，教师继续追问："在这些比较中，有哪些真正帮助你取得了进步？"最后，教师提出问题"关于'比较'这个话题，大家还有什么想补充或分享的体验？"并请学生讨论。

教师通过由浅入深地提问，帮助学生区分"带来短暂快乐"和"促进真实成长"的比较，引导他们反思比较行为的实际价值。开放式的结尾可以鼓励学生表达个性化观点，深化他们对比较的认知。

有的时候你感觉

可见的成功

实际上更像是

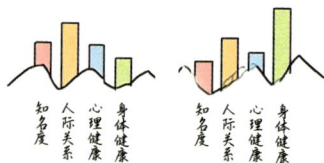

知名度　心理健康　人际关系　身体健康
知名度　心理健康　人际关系　身体健康

▶ 实际生活中的比较现象

五、延伸活动

教师布置课后实践任务。邀请学生与家长合作完成语言转换练习，将3句常见的比较性话语（如"你看人家孩子多优秀"）改写为鼓励式表达（如"我们一起来看看如何提升你的优势"），并记录改写前后的感受差异。

教师通过亲子协作的语言重构，既帮助家长觉察日常比较对孩子的影响，又让学生体验被支持而非被评判的沟通方式；将课堂认知延伸到家庭场景，促进家校教育理念的一致性，从而减少学生因负面比较而引发的心理消耗。

与人相处：

寻人·知人

初高中学生易存在双重疏离的倾向：在认知层面，学生囿于知识工具化思维，将学习窄化为竞争符号，忽略对生活场域（如人际互动、文化浸润）的主动感知；在情感层面，升学、分科等焦虑易催生"临时共同体"心理，部分学生以疏离姿态回避深度交往，导致共情能力弱化。

基于"博雅育人"理念，本次活动以诗歌为主要媒介实现双重破冰——在创作环节，引导学生回归真诚表达，唤醒其对生活细节的感知力（"博"的根基）；在盲猜环节，通过文本互读构建情感镜像，让学生体察差异、重新彼此深入联结（"雅"的实践）。

以上两个环节共同指向育人目标：打破功利性社交惯性，培育学生"向此刻扎根"的相处智慧与"向他人敞开"的精神格局；鼓励学生保持感知的能力和勇气，使学生常怀对生活的观察与关爱，与他人健康、积极地相处。

▌一、班会目标

认知目标： 让学生意识到日常相处中容易被忽略的细节，破除冷淡隔膜的相处模式。

情感目标： 让学生在活动中感受到同伴的独特闪光点，减少疏离感，唤醒其对班级共同体的归属感，使其关注、理解、欣赏每个人的性格特质。

技能目标： 培养学生观察同伴的敏感度（从只关注"他说得对不对"转向"他原来是这样想的"），使学生养成正向反馈的习惯（用"多角度评价"替代"挑刺式评价"），增强主动打破隔膜的勇气（破除表达顾虑，激发分享意愿）。

▌二、班会准备

物资准备： 1个抽奖箱、若干张白纸。

场地布置： 学生分组围坐，营造较为轻松、自由的氛围。

▌三、班会主体活动

1. 解救人质（约10分钟）

随机抽取3位同学扮演警长，其余同学扮演被绑架的人质，每位人质可以自己书写求救信息并将匿名纸条投入抽奖箱。求救信息的撰写规则如下。

（1）用简短的语句或几个词语描述个人特征（可以是外貌或性格特征），也可以描述自己在班上与众不同的身份和事迹。

（2）为了防止被"绑匪"发觉，不可以出现学号、座位坐标（如第二组最边上）、用各种谐音描述的名字等信息，一旦出现就有被撕票的可能。

由"警长"念出求救信息，根据其中的描述在班上找到对应的同学。其余"人质"也可参与寻人，为"警长"提供线索。找到符合信息的同学后，验证其身份。如果正确，则该同学被成功解救；如果错误，则继续寻找，直到找到为止。错误 3 次，则解救失败。

本次班会以这个游戏作为热身，引导同学们在认识自我的同时，对周围同学的特点有初步感知，也让同学们感受到"被看见"的力量。

2. 认识洋葱理论（约 2 分钟）

洋葱理论可具象解释为"把洋葱皮层层剥开，逐步看到其中的内核"。该理论认为人际交往主要有以下两个维度。

一是交往的广度，即交往或交换的范围。人与人之间的沟通往往从较广泛的话题开始，此时没有固定主题，彼此自我揭露较少，主要是在交流中捕捉对方的兴趣点。这种层次正是热身游戏中带领同学们感受的——通过回顾与展示自己突出的、最能激起大家兴趣的点进行更广泛的交流。

二是交往的深度，即亲密水平。通过不断深化对话内容，让对话双方敞开心扉，从对话更深入到精神上、心灵上、观念上的交流，让对话双方能够更加清楚地感知到对方的情感，从而使对话双方理解彼此、关系逐渐紧密。对话双方的关系越紧密，谈论的话题越具体、越渗透至核心层面，自我揭露就越多，与对方的亲密感就越强。下一个环节将引导同学们由表及里，拓展与他人交往的深度。

3. 依诗寻人（约 30 分钟）

1）写诗（约 10 分钟）

本环节要求同学们根据"春""花""秋""月" 4 个话题中的 1 个或多个创作一首诗歌，体裁、字数不限。教师提醒学生，要选择经常接触且宽泛的话题进行创作，尽量少对创作设限，引导其他同学就生活中美好而平常的物象进行观察和思考，激发学生的个性化表达。

2）寻人（约 20 分钟）

诗歌不署名，投入抽奖箱。随机请同学上台抽出诗句并诵读，猜测作者是谁，并分享猜测理由。

即兴创作与根据诗句盲猜作者

○ 环节2.
诗歌**不署名**，投入抽奖箱。随机请同学上台抽出诗句并诵读，**猜测作者是谁**并**分享猜测理由。**

✔ 若猜对，则本轮结束。
✘ 若猜错，则被误猜的同学上台加入猜人行列，直到找出真作者。
每一次猜测均需分享理由。

○ 设计意图：
通过竞猜，鼓励同学们对身边同学的文字进行品读。
在寻找作者时，也在展现、补足对彼此的印象。
为学生提供互相感知、欣赏作品，走近同学内心世界的机会。

◀ 依诗寻人活动流程

若猜对，则本轮结束；若猜错，则被误猜的同学上台加入猜人行列，直到找出真作者。每一次猜测均需分享理由。教师可以引导提问，如"这位同学选了古诗，咱们班谁比较喜欢或擅长古诗词写作呢？""这首诗里多次提到与运动相关的元素，谁是运动达人？"让学生进行多角度观察。

通过竞猜，鼓励同学们对身边同学的文字进行品读。在寻找作者时，也在展现、补足对彼此的印象。这一环节为学生提供互相感知、欣赏作品，走近他人内心世界的机会。

四、讨论与反思

组织学生回顾刚才猜测作者的思路，学生可以感受到，每首诗歌的作者都在文字中展现出了真实、独特的个人风貌。

"红楼迷"以林妹妹的视角绘潇湘春景，有人说，这堆叠辞藻的炫技风格非常好认。对某位同学的诗大家直言不讳：用语直白，应该不太爱读书，不过精神气质特别昂扬，视野开阔。学生们也品味起同窗的面貌与脾性："拽哥"不仅敢大呼"作业好多"，更是天赋型诗才，藏头诗一挥而就。

▶ 学生诗作

学生从阅读喜好、语言风格、性格气质、思维习惯等角度较为全面地"再观察"身边的同学，某位同学的写作"小毛病"甚至会成为找到他的重要线索。

这种与人交往的层级与洋葱理论的第一层不同——它从广泛的兴趣切入，逐步深入到个体的文学审美、个性表达、生活感悟等层面，进入洋葱理论的深度层。同时，共享某些细微感受、共同发现彼此缺点也是提升交往层级、建立较亲密关系的契机。

五、延伸活动

文字褪去姓名的外衣，学生们得以在纸上坦诚相见。猜诗不是猜谜题，而是用指尖摩挲对方的掌心。教师鼓励学生在班会课后和自己感兴趣的作者进行深入交流，布置"读诗识人"主题的周记作业，要求作业以此次班会课中令自己印象最深刻的作品、作者甚至猜测者为主要内容，具体可参照进阶任务单的设置——基础层，可摘录 3 句印象最深的同学诗句并标注原因；进阶层，用诗歌或文段回应某位匿名作者的作品。学生完成作业后，利用早读等时间开展对周记的交流。

同时，本次班会设置长效追踪机制，增设《×××班洋葱成长档案》，每周让学生用便利贴补充 1 项自己发现的同学的深层特质（如"×××擅长用幽默化解矛盾"），粘贴在教室文化墙的洋葱图示上，使人际交往可视化。

本次班会以"博雅育人"理念为内核，通过具象化活动破解人际交往的双重疏离困境。从"解救人质"的广度互动到"依诗寻人"的深度对话，学生逐步突破符号化认知与情感疏离的壁垒，在观察、表达与共情中重构对同伴的立体认知。本次活动以诗歌为媒介，既唤醒学生对生活细节的感知力，又通过文本互读搭建起理解差异、包容个性的情感桥梁。

未来一周的周记交流将延续此次班会的教育效能，进一步深化学生对自我与他人的认知，为培育健康、积极的人际关系提供持续生长的土壤。期待学生们能以这样的班会活动为起点，在日常交往中保持对同伴的敏锐观察与真诚反馈，让班级共同体在互信互助中焕发更温暖的生命力。

父亲节：

用剧本杀体会爱与责任

父亲节来临之际，一场以剧本杀形式展开的主题为"爱与责任"的班会既可以让学生在紧张的学习中稍作放松，又能够让学生通过游戏感受并理解父爱的深厚，体验家庭的温暖和责任的重要性。

剧本杀作为一种新兴的娱乐方式，以其角色扮演和情节推进的特点，让参与者沉浸于故事中，体验不同的角色人生。1 场游戏通常只需 6 人或 7 人，而 1 个班级学生人数较多，无法让每个人单独扮演 1 个角色进行体验，可以将全班同学分为 7 组，每组 6 人共同扮演 1 个角色，轮流发言，增强参与感。

一、班会目标

认知目标： 学生需理解剧本并进行演绎，以此锻炼阅读理解和想象力，同时提升临场反应和问题解决能力，增强自信表达和自我认同。

情感目标： 学生在角色扮演中深化对"父亲"这一角色的理解，丰富情感体验，促进情感成熟，形成深刻的家庭观念。

技能目标： 利用剧本杀这个团队合作的游戏，帮助学生学习在集体中定位自己，学会合作与妥协，培养团队精神和领导能力。

二、班会准备

学生准备： 安排 7 位学生阅读剧本并精简内容，去除破冰游戏等娱乐性过强的环节。

教师准备： 联系家长，请每位父亲为孩子写一封信，表达对孩子的爱和鼓励。

物资准备： 打印剧本、信件等活动素材。

三、班会主体活动

在整个班会过程中，1 位同学负责主持并推进剧情，剩下的同学分为 7 组，每组同学共同饰演 1 个角色，其中 1 位同学负责根据情节发放剧本，每次发言各组轮流进行，尽可能让所有人都参与到活动之中。

1. 播放故事背景视频，阅读角色设定（约 8 分钟）

幸福街有 7 位奇人异士，他们共同抚育着 1 个被遗弃的小女孩夏夏，每个人都想要夏夏的抚养权。学生阅读自己的身份设定后依次向大家介绍，每组选出 1 个代表进行发言。

2. 小剧场表演（约 5 分钟）

负责主持的学生入场，抱着一个玩具熊（假装是夏夏），向大家介绍情况。负责剧本的几位学生作为代表进行演绎，拉开了抚养权争夺战的序幕。

3. 抚养权争夺（约 25 分钟）

各组讨论后，派代表讲述自己对夏夏的感情，对夏夏未来的规划，以及个人职业对夏夏发展的帮助。在这个过程中，学生通过文本阅读将自己代入角色中，设身处地为孩子做好打算，实际上这也是他们的父母一直在为他们做的事情。

此时，夏夏的亲生父母出现，他们曾经因贫困舍弃了她，现在他们生活富足想要认回夏夏。幸福街 7 个人与夏夏已经有了很深的感情，自然拒绝将夏夏归还，于是夫妻二人便提起诉讼。7 个人将一致对外，应对律师的问话，争取打赢这场官司。

负责发放剧本的学生将回答卡片发给其他同学，负责主持的学生作为律师从物质生活、情感教育、知识学习等不同方面进行问话，每组学生根据卡片内容齐声回答。

> 当原告在安全方面质疑时，被告们拍案而起，并说出以下话语进行反击：
> 我反对，保万家灯火通明，护夏夏一世周全！
>
> 当原告在未来发展方面质疑时，被告们拍案而起，并说出以下话语进行反击：
> 我反对，前面迷雾重重，我的车大灯永远为她开路。
>
> 当原告提出"你们并不是夏夏的亲生父母"时，被告们拍案而起，并说出以下话语进行反击：
> 我反对，链接情感的并不是血液，而是爱与陪伴。

4. 梳理身份（约8分钟）

学生们阅读新的文本，通过"律师"一连串的问题和屏幕中的照片，他们会发现这7个角色都指向了同一个人——夏夏的养父，一位不会说话的教师夏明。他既当爹又当妈，一个人骑着三轮车把孩子养大，两人虽无法用语言交流，但在朝夕相处中已有足够的默契。夏明觉得夏夏跟着自己吃了很多苦，亲生父母现在生活条件好，希望孩子可以跟他们享福。

希望自己的孩子能有一个幸福的人生，哪怕是要和自己分离。十几岁的学生也许无法理解这种"为你好"的想法，但代入到角色之中，很多人也会做出跟夏明一样的选择。

5. "法庭"对峙（约25分钟）

在"法庭"上，各组代表从成长环境、情感陪伴、生活物质、学习教育等方面表达了自己对夏夏的感情与付出。实际上，夏明知道自己这一场官司必输。所以，在最后的审判中，他沉默了，他也希望夏夏可以获得更好的资源，有更好的发展。但在判决前，夏夏站出来讲述了自己和养父相处的点点滴滴，表达了自己不愿离开的想法。

在故事之外，学生可能感受不到父母拼尽一切"为孩子好"的想法和行为。但在故事中，学生作为夏明，站在一位父亲的角度，便能体会到爱的不同表现形式。

6. 告别 & 彩蛋（约5分钟）

最终夏夏还是要跟亲生父母离开她生活多年的幸福街，离开抚养她长大的父亲夏明。在离开之前，夏夏问了夏明几个问题，学生根据自己的想法写下了答案……

20年之后，一个小女孩要外公给她讲幸福街的故事，随后就只有铅笔与纸张摩擦而产生的沙沙声……

中国人总是喜欢一个圆满的结局，夏夏离开后的归来让学生认识到时间和距离都不会斩断家人之间的情感与牵绊。

7. 来自父亲的信件（约 4 分钟）

在活动的尾声，教师将父亲的信发给学生，让他们在短暂体验了父亲这个角色后又看到了父亲对自己的爱。

▌四、讨论与反思

1. 教育效果

事实证明以剧本杀形式开展的父亲节班会，教育成效显著。活动伊始，学生迅速进入角色，对人物特点形成初步认知。随着剧情的推进，学生高度专注于分析人物关系与情感纠葛，全身心投入其中。

在法庭环节，学生能从角色视角出发，表达对"孩子"的关爱，面对道德困境展现出深刻思考与同理心，有力地促进了道德判断和责任感的培养。当"夏夏"回忆与养父相处的点滴时，不少学生眼含热泪，真切代入角色感受父爱。最后的读信环节将情感教育推向高潮，部分学生感动落泪，感恩之情得到升华，成功实现家校共育。

2. 挑战与对策

在班会实施过程中，也遇到了一些挑战。首先，剧本内容的选择是一大难题，市面上流行的剧本多为凶杀悬疑类，与中学生教育需求不匹配，自行编写剧本又对教师的能力要求较高。其次，将数小时的剧本杀精简适配到有限的班会时间内颇具难度。最后，要想确保全体学生充分参与并深度体验角色情感也有一定挑战，部分学生容易游离于活动之外。

针对这些问题，教师和学生团队采取了有效的对策。教师参考《叫爸爸》剧本架构，组织学生团队精心修改，删减非核心环节，保留教育核心价值。教师指导学生排练小剧场内容，配合背景音乐和画面营造氛围，引导学生投入角色，让更多学生体验到角色的情感世界，使班会顺利开展，达成预期教育目的。

五、延伸活动

每一次围绕亲情主题开展的班会结束后，教师都会精心设计一项特殊任务，鼓励学生与家人共同参与。这些活动形式丰富多样，例如，一起观看一场热血沸腾的球赛，感受竞技的激情；共同欣赏一部温馨感人的电影，沉浸于精彩的故事之中；周末一起去爬山，在攀登中领略大自然的魅力，锻炼意志力；开启一场畅快的骑行之旅，享受亲子时光；互相分享笑话，在欢声笑语中增进感情，让一家人共度一段纯粹、愉悦、温馨的时光。

活动结束后，教师会收集家长的反馈，了解他们希望和孩子一起完成的事情，并将这些内容整理、归纳，在下次班会时将其作为作业布置给学生，持续推动亲子间的互动与交流。

在"爱与责任"主题班会结束后，教师还可以组织学生绘制"我的父亲档案"。在这份档案里，不仅可以有学生精心绘制的父亲肖像画，还可以包含父亲的身高、体重、鞋码等各种生活细节信息。完成后，还可将这些画作发送到家长群中，让家长自行认领属于自己的那份档案。这一活动不仅加深了学生对家人的了解，还进一步增进了家庭成员之间的情感交流，让亲情在细节中升温。

▶ 我的父亲档案

第三章

社会热点

人工智能：

学习成长指南

近些年来，ChatGPT、DeepSeek 等 AI 产品纷至沓来，人类已步入 AI 时代。AI 时代知识易得，这不可避免地冲击着学生的学习方式与思维习惯。从 2024 年起，学生借助 AI 写作文、做作业的现象屡见不鲜，尽管教师采取了批评、督促及反 AI 网站查重等多种手段，也无法根治这一问题。

AI 误用会阻碍学生思维的发展与知识的积累，更不利于品德修养。为培育在 AI 时代更具竞争力的人才，教师需开展德育活动，助力学生认清 AI 利弊，激发其内驱力，让其成为 AI 的主宰，智学诚行，全面发展。

一、班会目标

认知目标： 通过案例对比与情景想象，客观评判 AI 成果与人类成果的优劣，辩证剖析 AI 对学习和思维发展的利弊，明晰 AI 无法取代人类习得，使用 AI 要坚守诚信。

情感目标：通过思考人类习得的不可替代性及 AI 对学习的利弊，内化"诚信为学"的价值观，提升品德修养，树立高远志向。

技能目标：能依据现实需求设计 AI 辅助学习阶梯计划，养成善用、反思 AI 成果的习惯。

二、班会准备

物资准备：围绕同一主题的学生优秀作文、一般水平作文和 AI 生成作文各 1 篇。

场地布置：将桌椅按 6 个小组进行布置。

三、班会主体活动

1. 身份反转决高下（约 15 分钟）

课前，教师从学生近期随笔中挑选 1 篇细节生动、主题深刻的范文和 1 篇结构欠佳、文笔平平的一般作文，并用 AI 生成 1 篇同主题文章，隐去署名，请学生扮演阅卷教师为 3 篇作文打分。阅读打分时，教师引导学生思考哪篇最佳，询问学生能否识别 AI 生成作文，并请学生讨论如何看待低分作文。

经过实验，学生能轻松识别 AI 生成作文。AI 生成作文结构规整，有一些哲理性佳句，但细节与情感体验匮乏，感受和思考泛泛而谈。朋辈作文即便在结构和叙事上存在不足，却能呈现真实场景，展现个性化思考。对比之下，学生发现 AI 生成作文缺少真实生活感触，难以打动读者。即便当下部分同学的作文水平不如 AI，也无须担忧——作文本就是真诚交流的过程，存在问题恰是成长契机，前路漫漫，我们有足够的时间完善，提升。

开展这一活动，意在引导学生体会作文贵在真情实感。中国文人极为看重"立言"，《易传》提出"修辞立其诚"，"修辞"的目的是"立诚"，"立诚"是"修辞"好坏的标准。《说文解字》中"诚""信"互训，且二字均含"言"部。以上都反映出古人对言辞的根本要求便是诚信，真诚才能动人。AI 虽能借助庞大数据库迅速生成看似优质的文章，却无法真正理解、体悟并传达作者的情感思考，AI 生成作文绝不可能替代人类作文。唯有我们努力习得写作技巧，才能实现"我手写我口"，用文字传递自己真实的情感。

本次活动采用身份反转形式，让学生在扮演阅卷教师的体验中领悟"修辞立其诚"，认清误用 AI 的本质是诚信问题，体会 AI 与人类创作的差别，引导学生重视习得过程并思考 AI 对学习的影响。

2. 情景想象论利弊（约 20 分钟）

教师在学生初步认识到 AI 不能代替人类之后，创设情景，请学生深度思考 AI 对人类学习和思维发展的利弊。

假设被作文折磨的哪吒想要向 AI "求助"，他与敖丙就此展开交流……学生分为"哪吒组"与"敖丙组"，先分组讨论，再自由辩论，教师板书记录发言要点。这一活动旨在创设情景，帮助学生回到写作现场，深度思考 AI 对人类学习和思维发展的利弊。以哪吒和敖丙为情景主角展开讨论，既能规避部分学生因涉及作弊经历可能产生的抵触情绪，促使全体学生积极思考，又能通过学生对哪吒和敖丙人物性格的理解，为课堂交流增添趣味性，从而有效激发学生的讨论热情。

在学生充分讨论之后，教师现场演示，与 AI 就"AI 与人类的知识差异""AI 时代学生学习的必要性"等话题展开对话。AI 在知识获取方面虽如高效复印机一般，能快速整合海量信息，但在真实身体体验、情感理解、知识灵活运用及创造新知识的思维能力上存在明显不足。以伽利略提出日心说为例，若将 AI 置于当时的时代背景之下，则 AI 只能重复既定观念，难以实现如伽利略般对既有理论的突破与创新。教师的示范不仅丰富了学生的讨论成果，更为学生指明了正确运用 AI 的方向，即应在自主思考的前提下，合理借助 AI 启发思路、完善思维，而非让 AI 取代自身的深度思考过程。

　　小结学生讨论的成果。拥有人类既有知识数据库的 AI，仿佛吸收天地之灵气孕育而生的混元珠，"仙气"与"魔气"缠绕不清。它能够为学习提供助力，也可能阻碍思维发展，关键就在于使用者是否坚守诚信底线。借用《哪吒之魔童降世》《哪吒之魔童闹海》中灵珠魔丸一体两面的设定，有助于学生客观剖析 AI 利弊，深刻领悟诚信治学、合理运用 AI 对个人成长成才的重要意义。

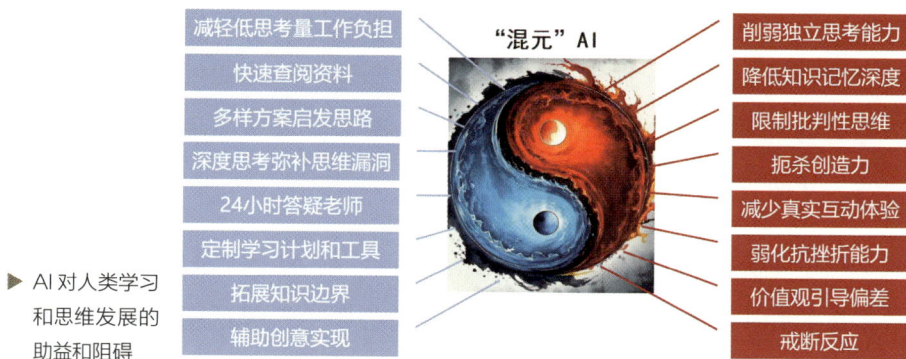

减轻低思考量工作负担
快速查阅资料
多样方案启发思路
深度思考弥补思维漏洞
24小时答疑老师
定制学习计划和工具
拓展知识边界
辅助创意实现

"混元" AI

削弱独立思考能力
降低知识记忆深度
限制批判性思维
扼杀创造力
减少真实互动体验
弱化抗挫折能力
价值观引导偏差
戒断反应

▶ AI 对人类学习和思维发展的助益和阻碍

　　我国古人认为，学习绝非仅局限于知识汲取，更是品德修养的关键途径。《礼记·大学》指明，儒士要实现"治国平天下"的宏大志向，必须以"修身"为本。修身需要"格物致知，诚意正心"，通过探究万物原理来增长知识，进而使心思端正、意念真诚。"格物致知"着重凸显个人思考探究的意义，这是获取知识、培育诚信的必由之路，更是士人立德立功不可或缺的途径。

我们在客观剖析 AI 利弊后，会清楚认识到：违背诚信原则，依赖 AI 逃避学习的行为，就如同未修炼的哪吒（魔丸状态），终将面临被天雷击毁的命运；唯有以诚信为本、善用 AI 辅助学习，方能如经过淬炼的哪吒一般，闯出自己的天地。

3. 头脑风暴立公约（约 5 分钟）

借电影名台词"我想试试"，班会进入"怎么做"环节，请学生分组讨论，为制定班级 AI 自治公约建言献策。学生充分讨论之后，可结合 AI 建议优化补充。

这一活动旨在践行班级自治理念。学生主导公约制订的过程，坚持独立思考优先原则，限制 AI 的使用场景。经过建议收集、梳理整合、重要性排序等流程，最终制订出班级 AI 自治公约及配套的阶梯实施计划。该方案充分尊重学生的主体地位，有效激发学生遵守公约的内驱力。

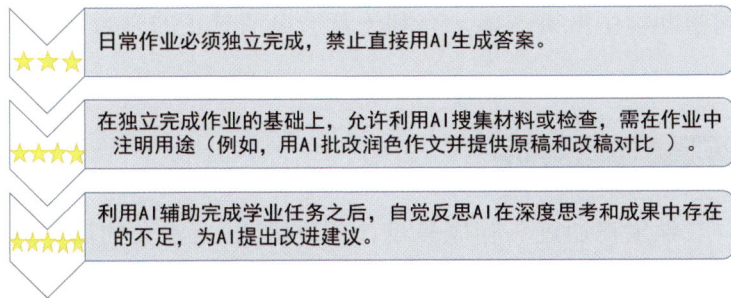

★★★ 日常作业必须独立完成，禁止直接用AI生成答案。

★★★★ 在独立完成作业的基础上，允许利用AI搜集材料或检查，需在作业中注明用途（例如，用AI批改润色作文并提供原稿和改稿对比）。

★★★★★ 利用AI辅助完成学业任务之后，自觉反思AI在深度思考和成果中存在的不足，为AI提出改进建议。

◀ 班级 AI 自治公约

四、讨论与反思

AI 驱动的教学革命正以锐不可当之势席卷教育领域。教师应积极拥抱这一变革，在教学中巧妙融入 AI 技术，借此提升教学效率，并为学生创造独特的学习体验，从而推动教育模式的创新与发展。

在 AI 内容创作的时代，学术诚信的重要性越发凸显，它是学者永恒不变的操守。师生唯有秉持"诚信为学"，方能理性看待 AI 成果，切实掌握训练数据运用能力，从而从容应对 AI 深度赋能的未来世界。

助力学生扎实地学习始终是教师工作的核心。此次班会致力于培养学生"诚信为学"的意识，但德育工作任重道远。鉴于 AI 高效生成内容的诱惑和学业压力，学生易产生借助 AI 的想法。为此，教师既要提升识别 AI 成果的能力，以便及时引导误用 AI 的学生，也要在班级 AI 自治公约里设置奖惩机制，联合学生、家长组建监督委员会，共同拟定长期、分阶段的 AI 自治计划。多方协同帮助学生抵御诱惑，有利于营造风清气正的学习氛围。

五、延伸活动

学生在通过头脑风暴设计了班级 AI 自治公约后，进一步制订了该公约的阶梯实施计划，知行合一落实诚信行动。师生共同选定本月重点实施的条款，建立诚信打卡机制，学生自评是否遵循了公约要求，自觉接受家校协同监督，在实践中锻造"诚信君子"。根据计划实施效果及时更新、调整公约内容和阶梯实施计划，从而契合技术发展及教学需求的动态变化。

AI 是把双刃剑，若失控，则将威胁人类的发展；若善用，则可推动文明的进步。在已开启的 AI 时代，愿学生"以诚御剑"，增强自身核心竞争力，助力祖国在科技革命中一骑绝尘，为人类创造更美好的信息时代新生活。

智学，做 AI 主人，广见闻促思考；诚行，为清华君子，笃厚德成伟志。

网络素养：

破解校园失踪谜案

在网络与 AI 飞速发展的当下，虚拟世界已深度融入日常生活。中学生的网络安全教育与数字素养的提升成为家长和社会关注的焦点。大多数中学生为12～18周岁，自我意识发展迅速，渴望独立。如今，他们接触网络的年龄提前，虽然上网的技巧熟练，但心智仍未成熟，易受不良因素干扰。因此，有必要引导中学生认识到网络文明的重要性。

一、班会目标

认知目标：剖析网络价值，提升信息辨别力，化知识为智慧，为理性行动筑牢根基。

情感目标：理性看待网络利弊，激发提升数字素养的自觉性，培养对优质内容的欣赏和对不良影响的警觉。

技能目标：科学用网，严守安全底线，以自律优化网络生态，践行正确价值观，在数字化浪潮中稳步前行。

二、班会准备

物资准备：网络素养相关标语海报，调查问卷，PPT课件。

场地布置：将桌椅分组摆放，每组以6～8人为宜。

三、班会主体活动

1.解码网络热词（约3分钟）

在信息飞速流转的数字时代，网络热词宛如神秘的"暗语"，悄然在虚拟空间蔓延生长。它们是大众情绪的直白宣泄，是社会现象的浓缩映照。教师提出问题：现在大家使用的热词有哪些？我们该如何看待大众使用网络热词这一现象？

教师在学生发言、讨论后，进行小结，引导学生认识到网络热词有利有弊。利在于能简洁、精准地表达情绪、反映社会热点，以及增强群体认同感和交流趣味性，还能推动文化创新。但部分热词表意模糊、缺乏内涵，过度使用这类热词易造成语言不规范，甚至可能传播不良的价值观。

通过讨论网络热词活跃课堂气氛，切入网络话题，可以让学生更好地感知网络与时代的关联性。

2. 网络知识和安全常识知多少（约 3 分钟）

利用以下题目，展开小组之间的比拼。

个人信息保护

（1）当你在网上注册账号时，下列做法中正确的是（　　）。

　　A. 使用简单易记的生日作为密码

　　B. 使用复杂的字母、数字、符号组合作为密码，并定期更换

　　C. 所有账号都使用同一个密码，方便记忆

　　D. 把密码告诉身边关系好的同学，以防自己忘记

（2）你收到一条陌生短信，里面包含一个链接，短信要求你点击链接核实个人信息，你会（　　）。

　　A. 毫不犹豫点击链接，尽快核实信息

　　B. 先查看发件人是不是正规机构，再决定是否点击

　　C. 直接删除短信，不做理会

　　D. 转发给同学，看看他们怎么做

网络诈骗防范

（1）有人在网上跟你说，只要你先转一笔钱过去，就能帮你低价购买到热门演唱会的门票，你应该（　　）。

　　A. 太划算了，赶紧转账

　　B. 先和对方多聊几句，确认可信度

C. 果断拒绝，告知家长或教师

D. 看看周围同学有没有类似经历再做决定

（2）你在玩网络游戏时，看到游戏里有人低价售卖游戏装备，对方要求你私下转账交易，你会（　　）。

A. 按对方要求转账，生怕错过好机会

B. 跟对方讨价还价，争取到更优惠的价格后转账

C. 通过游戏官方平台等正规交易渠道进行交易

D. 先观察几天，看看有没有人买再说

网络社交安全

（1）在社交网络上添加陌生人为好友时，你会（　　）。

A. 只要对方头像好看就添加

B. 随意添加，多一个朋友多一条路

C. 先查看对方的个人资料，再谨慎添加

D. 从不添加陌生人，觉得没必要

（2）网友约你见面，你会（　　）。

A. 欣然答应，很期待见面

B. 先征求家长或教师的意见

C. 偷偷去见面，不让家长知道

D. 带上几个同学一起去，壮壮胆

网络信息辨别

（1）你看到一则新闻在朋友圈被大量转发，标题很惊人，内容却没有权威来源标注，你会（　　）。

A. 马上转发，让更多人看到

B. 仔细阅读内容，判断真假后再决定是否转发

C. 只转发给家人，提醒他们注意

D. 当作没看见，不理会

（2）你在网上查找学习资料，搜索结果中有一个网站看起来很不正规，但资料好像很全，你会（　　）。

A. 不管三七二十一，先进去下载资料

B. 看看有没有其他正规网站也有这些资料，优先选择正规网站

C. 试着打开几个页面，没问题就用

D. 把这个网站收藏起来备用

网络行为规范

（1）你在网上发表评论时，应该（　　）。

A. 想说什么就说什么，尽情表达自己的情绪

B. 使用文明用语，客观、理性地表达观点

C. 为了吸引眼球，故意发表一些偏激言论

D. 复制别人的评论，懒得自己写

（2）如果你不小心在网上泄露了他人隐私，你会（　　）。

A. 觉得没什么大不了，不理会

B. 赶紧删除相关内容，当作没发生

C. 向当事人道歉，并采取措施尽量减少影响

D. 等当事人发现了再解释

3. 利用《网络安全和数字公民素养水平调查问卷》统计结果（约3分钟）

引导学生分析《网络安全和数字公民素养水平调查问卷》的统计结果。

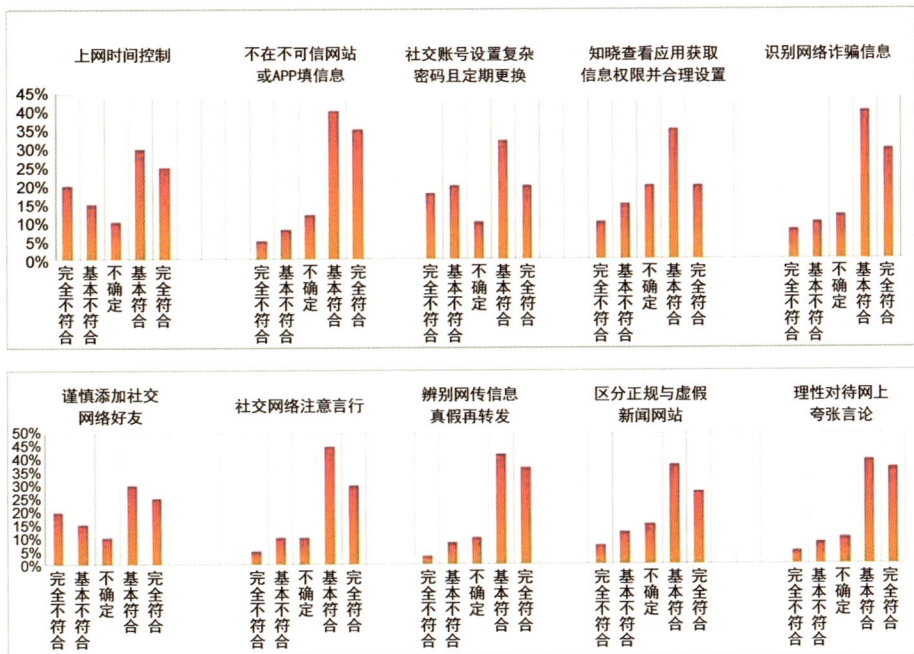

▲《网络安全和数字公民素养水平调查问卷》统计结果

本环节通过分析调查问卷的统计结果，引导学生讨论各自的发现，进而解读中学生数字公民素养水平现状的调查情况。

中学生数字公民素养平均得分统计分析表

维度	最小值	最大值	平均值	标准差
数字环境中的自我认同	2	10	8.58	1.781
在线活动	4	20	16.03	3.623
技术技能	4	20	17.41	3.156
数字环境中的道德伦理	5	25	21.93	3.838
数字公民素养总分	15	75	63.95	12.398

从上表中可以看到，中学生数字公民素养包含数字环境中的自我认同、在线活动、技术技能及数字环境中的道德伦理4个方面的内容。数字环境中的自我认同指能认识网络成瘾和压力等，且能够树立在数字环境中的信念和价值观；在线活动指在使用信息技术时，合理地参与在线活动，以及进行社会、文化参与；技术技能指使用信息技术技能的能力；数字环境中的道德伦理指符合信息伦理且不参与数字环境中非法的信息活动。

我们需要炼就"火眼金睛"，识别网络上的不安全因素，并规范好自己的网络行为。

本环节通过常识大比拼，激发学生对"网络安全"

这一话题的兴趣；通过问卷结果展示，让学生了解到当前自身在网络安全和数字公民素养相关知识方面的缺欠。

4. 校园"福尔摩斯"之失踪同学谜案（约 20 分钟）

1）同学离奇失踪，背后之谜亟待破解（约 4 分钟）

环节一：引出同学消失之谜，寻求各方帮助

同学们，紧急情况啊！梦琪的家人找到我，说梦琪已经失踪好几天了。现在需要大家伸出援手，一起帮忙找找梦琪。

今天，有一位经验丰富的私家侦探（学生饰）会来到咱们这儿，带领大家一同解开梦琪失踪的谜团，相信在大家的齐心协力下，一定能找到线索，弄清楚到底是怎么一回事。

环节二：申请入室调查

在调查前，大家需要填写侦探入室调查申请表，之后才能进入梦琪的家中进行调查。

侦探入室调查申请表	
申请人姓名：	侦探事务所名称：
调查地址：	
申请调查理由：	
警方 / 相关部门意见： 　　　　　　　　　　　审批单位名称： 　　　　　　　　　　　审批人签名： 　　　　　　　　　　　审批日期：	
本人作为申请侦探，郑重承诺： 　　在入室调查过程中，严格遵守法律法规，不破坏屋内任何物品，如有必要挪动物品，将提前做好记录并确保事后恢复原状。 　　对调查过程中获取的所有信息严格保密，仅用于本案件侦破，不向无关第三方泄露。 　　若发现任何可疑物品或紧急情况，将第一时间通知警方及房屋所有权人。 　　　　　　　　　　　　　　　　申请侦探签名： 　　　　　　　　　　　　　　　　申请日期：	

▶ 入室调查申请表

2）蛛丝马迹浮现，关键线索亟待寻找（约 16 分钟）

我已经拿到大家填写的调查申请单了，接下来，我们一起去寻找线索吧！

环节一：探寻客厅里的线索

▶ 客厅

打开笔记本里的视频软件，查看关注和互动频繁的账号，发现端倪。

梦琪关注的明星账号疑似是假的，因为没有官方认证的图标。

说一说梦琪关注的明星账号可能会发布哪些内容？

梦琪在这个明星账号上刷到一则信息，便立刻转发了该信息。信息内容如下：

恰逢周年庆，我们特别推出了精彩活动！只要您动动手指转发这条信息，就有机会赢得大奖，快来参与吧！

大家思考一下，梦琪的做法究竟对不对？是什么原因使你做出这样的判断呢？若给出正确的回答，则可以获得一条珍贵的线索。

教师通过讨论，引导学生思考：如何查证信息的真实性？梦琪轻信这则虚假信息，可能会带来什么后果？然后，进一步将结论总结在黑板上：查证信息找官方。

我们在面对网络上纷繁复杂的信息，需要辨别其真伪的时候，一定要查看一下这些信息是不是由官方发布的。如果无法确认，就不能盲目转发，不然很容易给自己或身边的人带来意想不到的麻烦。

环节二：探寻卧室里的线索

侦探提供新线索卡，显示了一段梦琪的微信聊天记录。

有个人声称是咱们学校初三的同学，给我发了一个二维码，让我进群。我扫了二维码，便收到验证码信息，我把验证码一填，点击"下一步"，微信就自动退出了，好一阵儿才登上来。

啊？！我昨天好像听思雨说你在微信上管她借钱，你不会不知道吧？！

啊？某明星最近新代言了一款游戏，我在游戏里认识了一个网友，但是他已经把我拉黑了。

为什么把你拉黑了？

不太清楚呀！之前他还跟我提过，可以私下找他，以比官网低不少的价格购买游戏皮肤呢！

那你从他那买游戏皮肤了吗？

唉，可别提这事儿了呀！这种小便宜不能贪啊，就当是我花钱买个教训，破财消灾了呗！只希望以后别再遇到这样让人破防的事了。

你知道吗？我在网上买到了几张这位明星的明星小卡。就昨天，卖家突然私信我，说我那一批次的小卡存在质量问题，居然主动提出要给我退款呢！

我听别人讲，这种退款的流程好像很麻烦。点击链接，然后还要把银行卡号、手机号及验证码等信息都填上去。是不是真是这样呀？

这你都知道？！那天刚刚退款完，回到家，我爸说，钱不但没收到，反倒还丢了一些，这是啥情况？！

根据线索卡，教师组织学生进行小组交流与汇报，帮助学生认识到：①扫描二维码进好友群是假的；②低价购买游戏皮肤也是假的；③卖家以商品质量问题为由，主动提出退款，也是假的。

教师在此基础上进行小结：我们首先要有网络安全

意识，在辨别网络信息的真伪时，应该多渠道查证信息。然后，教师将结论总结在黑板上：多渠道核实信息。

环节三：探寻书桌里的线索

根据日记内容，寻找梦琪消失的线索。

2024 年 9 月 30 日

国庆假期，爸爸需前往广州出差，妈妈想去广州旅游，便借机跟着一同去了。鉴于我正处于初三这一学业关键阶段，他们嘱咐我要专心学习，这样一来，家中就只剩我和爷爷奶奶了。

临近晚饭时，爸爸给奶奶打了视频电话，告知奶奶不用准备我的晚饭，原因是我的同学邀请我参加当晚的生日派对，并且同学的妈妈已经把车开到了我家楼下，准备接我。爸爸催促我赶快下楼。

平时，爸爸妈妈一向不允许我去同学家玩，没想到今天竟破例同意了，真是给了我一份意外之喜！

然而，我们在跟梦琪爸爸确认此事时，她爸爸居然对此全然不知。这使我们不得不怀疑有人利用 AI 换脸，装扮成梦琪的爸爸的样子，诱拐了梦琪。AI 换脸真的能实现吗？

在这个科技日新月异的时代，AI 换脸技术日益普及，我们究竟该如何有效避免这项技术给我们带来的欺骗呢？在学生讨论、总结之后，教师可以写下板书：避免被 AI 换脸技术欺骗，要跟本人确认。

环节四：推断定位，救出梦琪

将碎片化的线索拼贴完整，获取梦琪所在位置。

报警后，梦琪成功获救。（播放梦琪的音频。）

谢谢大家救了我！要是没有你们，我可能就和爸爸妈妈永别了。这几天我被囚禁在黑屋里，恐惧极了。我从没想到这种事会发生在自己身上。我决定以后再也不沉迷于电子设备了，远离网络。

本环节依据已知线索展开推理，针对中学生常遇的网络虚假信息进行分析，深入讨论辨别信息真伪的方法，让学生们建立网络安全意识。

5. 利用法律维权，争做守法小网民（约 4 分钟）

首先，共同学习《中华人民共和国网络安全法》《中华人民共和国未成年人保护法》（以下简称《未成年人保护法》）。然后，全体起立共同朗读《全国青少年网络文明公约》："要善于网上学习，不浏览不良信息。要诚实友好交流，不侮辱欺诈他人。要增强自护意识，不随意约会网友。要维护网络安全，不破坏网络秩序。要有益

身心健康，不沉溺虚拟时空。"最后，全体学生在该公约
上签字。

▌四、讨论与反思

在内容方面，该班会贴合生活实际，围绕网络热词、
安全现状、公民素养水平及网络陷阱案例展开，紧密联
系学生日常网络生活，引发关注与思考，具有现实的指
导意义。

在结构设计方面，该班会层层递进，以网络热词切
入主题，通过知识比拼和问卷展示现状，借助案例引导
学生推理分析，最后以法律法规学习和总结收尾，整体
逻辑清晰且符合认知规律。

在组织特征方面，该班会互动性强，设置小组讨论、
小组比拼、小组汇报等多个互动环节，充分调动学生积
极性；多元素材运用，利用问卷、视频、音频等素材直
观呈现案件，让案例更真实可感。

▌五、延伸活动

首先，可以制作一个与网络安全相关的调查问卷或
做一个宣传海报（用于校园展示）。其次，可以想办法营
造家庭网络安全氛围（可让学生拍照打卡）。

（1）每月选定一天，全家一起学习网络安全知识，例如观看网络安全教育纪录片，并分享感受。

（2）家里张贴自制的网络安全小贴士，像"不随意点击陌生链接"等。

（3）商定上网时间规则，借助小程序进行管理。

（4）参加学校或社区组织的网络安全教育讲座等。

兼听则明：

破解"信息茧房"

在信息技术高速发展的时代，社交媒体和自媒体已成为我们生活的一部分，信息获取变得极为便捷，但同时也导致了同质化内容的泛滥和片面信息的流行。个性化推荐算法根据用户偏好推送内容，限制了用户接触多元信息的机会，对心智尚未成熟的中学生影响尤为显著。他们易将社交媒体作为主要的信息来源，从而在繁杂的信息中片面地理解世界，这不利于培养他们的理性思考和批判性思维，也不利于他们多元兴趣的发展。

在信息爆炸的时代，良好的信息素养对个人和社会的发展意义重大。《信息乌托邦》中的"信息茧房"和"回声室"概念警示我们，人们倾向于只接收符合自身立场的信息，从而与不同观点隔离，而与抱有相似观点的群体互动会强化偏见并加剧极端化倾向。为此，教师需开展破解"信息茧房"主题班会，提升学生的信息判断力、信息融合应用能力及道德意识，帮助他们适应信息时代的挑战。

一、班会目标

认知目标： 通过具体实例和互动活动，理解"信息茧房"的概念及形成机制。

情感目标： 激发对"信息茧房"负面影响的反思，增强改善自身社交媒体使用习惯的意愿。

技能目标： 掌握识别"信息茧房"和减少"信息茧房"负面影响的策略，主动为网络环境的健康建设做贡献。

二、班会准备

物资准备： 打印好的社交媒体个性化内容推荐表、打印好的"面馆事件"互动实验的指示语、视频资料、PPT 资料。

软件准备： 教师在计算机上下载并安装雨课堂软件，学生完成微信小程序雨课堂的注册。

场地布置： 学生按组围坐，每组 5 人或 6 人。

1. 导入：谁更了解你（约5分钟）

学生打开自己常用的社交媒体应用软件（如新浪微博、小红书等），进入内容推荐页面，统计并填表，记录前10个内容的类型，并预测软件给其他同学推荐的内容。讨论结束后，学生回答软件推荐的内容是否真正符合他们的兴趣，以及其他同学的推测是否准确。

社交媒体推荐内容统计表

社会新闻		学习		体育		动漫		阅读	
数码		游戏		娱乐明星		电视电影		搞笑	
科学科普		艺术		音乐		美妆		时尚穿搭	
萌宠		情感		旅行		健身		美食	
生活技巧		其他							

教师引导学生进行总结：算法在很大程度上掌控着我们在线浏览的内容，可能比我们自己更懂我们。该环节旨在让学生体验和观察社交媒体的内容推荐机制，同时在小组互动中，发现软件对个人兴趣的精准捕捉。

2. 概念初探：什么是"信息茧房"（约3分钟）

教师通过PPT展示两幅图像，旨在激发学生的好奇心，并辅助他们概括"信息茧房"的特征及定义。这些图像能够有效地吸引学生的注意力，帮助他们更直观地理解"信息茧房"的本质特征。

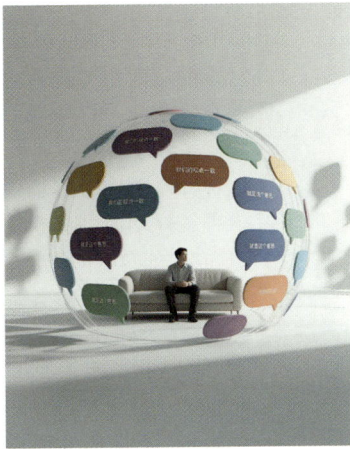

3. 成因探究:"信息茧房"的背后是什么(约 20 分钟)

1)管中窥豹(约 6 分钟)

　　教师以一个引发广泛争议的"面馆事件"为案例,逐步剖析,通过几个环环相扣的论述,层层深入地展开讨论。在此过程中,教师运用雨课堂软件实时统计学生对面馆不同定价策略的态度。这一教学环节旨在让学生认识到,在短时间内面对海量信息,往往只能选择性地浏览部分内容,难以全面掌握事态的发展,从而容易陷入偏听偏信的困境。通过这一活动,学生将深刻理解"后真相"时代信息源的复杂性,认识到我们的观点极易受到他人影响,以及网络信息的片面性和局限性。

"面馆事件"教师论述概要表

陈述 1	一位网友在旅游期间到当地一家面馆用餐。他发现提供给游客的刀削面价格为 11 元一碗，而本地顾客则只需支付 7 元
陈述 2	这家面馆的主要服务对象是当地矿工，因此采取了差异化的定价策略，以减轻矿工的经济负担。对于外地游客，店家并未提供同样的优惠
陈述 3	这种针对不同顾客群体的差异化定价引发了争议，被认为损害了外地游客的权益，并且该事件在网络上的传播可能对当地旅游业产生负面影响
陈述 4	这家历史悠久、在当地经营已超过 20 年的面馆，位于非旅游区域。目前，由于该事件的影响，面馆已经关闭，这让本地居民担忧未来面馆可能会提高价格
陈述 5	网友曝光此事件的初衷是维护消费者权益，呼吁建立一个更加公开和透明的消费环境
陈述 6	我注意到你们已经就这一话题表达了 5 次立场。现在，请那些自始至终立场未变的同学举手示意

投票 最多可选1项 ⚙ 设置

1. 你是否支持面馆对不同人群要价不同？

Ⓐ 支持

Ⓑ 中立

Ⓒ 反对

提交

▶ 雨课堂软件
实时统计

2）算法过滤（约 8 分钟）

教师挑选了纪录片《社会困境》中 16 分 30 秒—20 分 00 秒的片段进行播放。该片段深入揭示了企业为了追求利润，是如何在社交媒体上对平台推送的内容进行操纵的。观看完毕，学生将围绕这一机制的优势与劣势展开热烈讨论。通过直观地见证和体验"信息茧房"对个人和社会的实际影响及其背后的运作机制，学生将能够更加深刻地理解这一概念的含义。

3）"回音室"效应（约6分钟）

教师向学生展示"胖猫事件"的新闻图片及评论区截图，引领他们全方位回顾了事件的来龙去脉。通过分析不同社交媒体平台上典型帖子的观点，学生们将直观感受到对于同一事件，不同平台所展现出的态度差异，从而深刻理解"回声室"效应的本质。通过对这一具体案例的学习，学生们不仅能够把握回声室效应的实际表现，还能深入剖析"信息茧房"形成的深层次原因。

4. 制订方案：如何自救（约7分钟）

学生分组进行深入讨论，共同研究如何采取切实有效的措施，防止如同信息茧房中的蚕一般，丧失全面、客观审视事物的能力。在一张大白纸上，每组学生都以思维导图的形式，针对"信息茧房"形成的具体原因，列出自己的观点和策略。思维导图的运用不仅能帮助学生具体化和系统化地理解问题，还能引导他们提出解决方案，从而有效提升他们的批判性思维和问题解决能力。

5. 方案共享：采取行动吧（约 5 分钟）

教师挑选出策略最为精良的两组，向全班同学展示他们的思维导图成果。在此过程中，教师将补充学生可能忽略的关键点，例如关闭社交媒体的个性化推荐功能，减少从自媒体单一渠道获取信息，采用主题阅读的方法获得更系统的信息，以及尝试从多个不同的平台获取资讯等。通过这一教学环节，学生们将学习到如何有效打破"信息茧房"的束缚，并掌握一系列实用的操作技巧。

四、讨论与反思

该班会针对"信息茧房"问题，通过分析真实案例，引导学生反思自己对社交媒体的使用，内容生动，易引发共鸣。学生从心理学视角探究"信息茧房"成因，并基于实践经验，总结出多种破解策略，激发了他们对提升信息处理能力的兴趣，实现了理论与实践的结合。

在提高学生信息素养的班会中融入信息化教学手段也是必要之举。该班会采用雨课堂工具进行互动，通过实时投票功能提升了学生的参与感，同时教师能更好地控制教学节奏，让学生深刻理解"信息茧房"的影响。

此外，教师指导学生利用思维导图梳理"信息茧房"的成因与应对对策，这不仅能够帮助学生有效记忆和理解，还锻炼了他们的逻辑思维和批判性思维。通过小组讨论，学生能够系统地提出解决方案，为应对信息时代的挑战打下坚实的基础。

五、延伸活动

班会结束后，教师可安排学生观赏与"信息茧房"主题相关的影视作品，如电影《楚门的世界》、纪录片《社会困境》等，以此引导学生深入探讨"信息茧房"对个人及社会造成的深远影响。此外，教师可继续开展一系列关于网络使用的班会活动，涵盖摆脱网瘾、确保信息安全等多个方面，旨在培养学生健康的网络行为习惯，为他们的全面发展和健康成长提供坚实保障。

伦理思辨：

解析 AI 道德难题

在 AI 技术快速发展并深度融入生活、教育领域的当下，中学生对其兴趣浓厚且应用频繁。但他们在 AI 伦理认知方面存在明显不足，对相关法律法规也知之甚少。

中学生正处于思维和情感发展的关键阶段，亟待正确引导。《新一代人工智能发展规划》明确提出"加强人工智能伦理道德建设"，《教育部关于全面深化课程改革落实立德树人根本任务的意见》强调"德育为先"。在此大背景下，开展与 AI 伦理相关的讨论意义重大。

班会将紧密结合"帝哥"等现实案例，引导学生探讨 AI 伦理在日常生活中的实际意义，依据相关政策要求培养中学生的伦理素养，帮助他们正确理解和应用 AI 技术，并思考如何平衡科技发展中的多种关系，进而促使他们成长为有社会责任感的科技人才。

一、班会目标

认知目标： 借助影片片段、实际案例和实验，探究 AI 在多场景中的应用，理解其伦理的复杂性，把握技术发展与道德规范的相互关系，熟悉 AI 的关键伦理准则。

情感目标： 分析 AI 对个人、社交和社会的影响，培养同理心，客观看待其利弊，激发维护伦理道德的情感，增强对科技伦理问题的关注。

技能目标： 帮助学生将班会所学运用到生活和未来发展中，促使他们在面对数据使用、算法决策时做出符合伦理的选择，树立正确价值观，为成为有责任感、推动技术向善的公民打基础。

二、班会准备

物资准备： 40 台笔记本电脑，10 张不同颜色的 A3 彩纸，8 套 12 色的水彩笔，以及 32 个磁吸扣或蓝丁胶等。

场地布置： 调整教室桌椅布局，创造适合小组讨论的环境，班会前调试投影大屏、Classin、音响系统等。

三、班会主体活动

1. 视频引入，激发兴趣（约 3 分钟）

在班会起始阶段，教师播放《她》和《黑客帝国》

中与 AI 伦理紧密相关的片段，引导学生在观看视频时感受 AI 技术在情感交互、权力博弈等方面引发的伦理冲突。

视频播放结束后，留出片刻安静时间，让学生沉浸于影片营造的情境中，充分思考刚才观看的内容。此环节旨在借助经典影视片段，构建沉浸式学习情境，自然引出"AI 伦理"这一主题，有效激发学生的探索欲和好奇心，为后续深入讨论奠定良好基础，助力学生更积极地投入到班会活动中。

2. 案例分享，引发思考（约 4 分钟）

教师为学生们讲述一则具有现实意义的热点新闻："帝哥"曾参与制定外卖骑手处罚制度，然而他在自己失业后并成为外卖骑手时，却被自己曾经制定的严苛制度所困扰。教师通过 PPT 详细讲解"外卖骑手被算法压榨"现象背后的真相，指出平台算法为追求效率，不断压缩配送时间，导致骑手在高压下不得不采取超速、逆行等危险行为。而这样做不仅危及自身安全，还引发公共安全问题，并且骑手的努力换来的是更严苛的规则。

故事分享结束后，教师抛出问题引导学生思考：在设计和应用 AI 的过程中，究竟该如何规避类似的伦理困境呢？通过这样的方式，教师引导学生站在不同角度思考问题，培养他们的同理心，让他们设身处地地感受外卖骑手的处境；激发学生的批判性思维，促使他们对 AI 算法背后的伦理问题进行深入剖析。

3. 小组研讨，交流展示（约11分钟）

在小组研讨环节，教师组织学生分组围坐，向每组发放彩纸与水彩笔，鼓励学生记录讨论要点。

◀ 小组分享并讨论
AI 伦理案例

讨论时，学生积极分享 AI 伦理案例，探讨算法歧视、隐私泄露等问题。教师巡视各小组，倾听观点并适时引导，助力学生拓宽思维。

小组讨论结束后，每组有 1 分钟时间展示成果，小组代表结合彩纸上记录的内容，分享案例分析、案例所涉及的伦理问题及提出的解决方案。

展示活动结束后，进入互动环节。各小组成员相互"点赞"并提问，在思维碰撞中加深对 AI 伦理的理解。

最后，教师总结："经过讨论，大家对 AI 伦理已有一定认知。但面对现实中的伦理问题，该如何抉择？"通过这样的引导，教师能够激发学生深度思考，培养其合作意识与解决实际问题的能力，让学生在思考中不断进步。

4. 实验体验，深度理解（约 6 分钟）

教师介绍麻省理工学院媒体实验室主导的"道德机器"大规模在线实验，引导学生分组参与模拟游戏，在不同无人驾驶场景中做决策。学生在参与游戏时，教师巡视指导。游戏结束后，学生能更深刻地理解 AI 伦理问题。

▶ 分组进行"道德机器"在线实验

5. 专家连线，深入探讨（约16分钟）

教师通过 Classin 连线人工智能专家，各小组派代表分享实验发现和思考，并向专家请教问题，如自动驾驶汽车伦理困境的解决办法、人机和谐共处的方式等。专家凭借其深厚的学术造诣和丰富的实践经验，以通俗易懂的方式剖析问题，分享最新的研究成果与行业动态，拓宽学生的视野。

在连线过程中，全体学生可以结合自身知识与思考提问，与专家和小组代表进行交流。这不仅激发了学生的批判性思维，使他们学会从多元视角分析问题，还锻炼了他们的道德判断能力，引导他们从伦理道德高度理性看待 AI 技术发展，树立正确的价值判断标准，为他们未来在 AI 领域的探索筑牢思想根基。

四、讨论与反思

班会能够成功开启学生对 AI 伦理的探索。开场播放的影片片段，能够激发学生的好奇心。随后，"帝哥"故事引发思考，小组讨论、"道德机器"在线实验及专家交流互动都会引导学生深入探究 AI 伦理。

在班会过程中，学生有机会分享案例、交流看法，全方位剖析伦理问题。开放、包容的氛围能够加深学生对 AI 伦理的理解，培养他们尊重和欣赏不同观点的意识。

班会尾声，教师引导学生回顾案例和专家观点，展望 AI 在医疗、教育等领域的发展趋势，思考潜在的伦理挑战。教师还可以强调，构建和谐人机未来需要各方共同努力，并鼓励学生积极参与，担当科技向善责任。

该主题班会不仅是知识传授，更是思想的碰撞与心灵的交流。它为学生在 AI 领域的认知发展筑牢根基，帮助学生在未来面对科技伦理问题时，做出正确的判断和选择，成长为有担当的科技人才，在探索中不断进步。

五、延伸活动

为巩固班会成果，教师可以给学生布置作业，要求每人选取一个与 AI 伦理相关的案例，如人脸识别技术在隐私保护方面的争议，深入分析伦理困境，提出个人见解和解决方案，并撰写一篇 800 字左右的小论文。这样，通过完成作业，学生们可以巩固所学知识，同时激发其责任感和创新思维。

此外，为了让 AI 伦理教育融入学生生活，教师还可以开展系列延伸活动。首先，组织"AI 伦理探索行动"，学生以小组为单位，依据自身优势分工协作。擅长资料收集的学生负责收集 AI 伦理前沿案例，逻辑思维强的学生进行案例分析，表达能力好的学生撰写分析报告。小组共同完成一份关于 AI 伦理问题的深度研究报告。

其次，鼓励学生参与学校社团组织的"AI 伦理实践营"。学校社团定期开展学习讨论活动，邀请专家举办讲座，并组织学生走进企业参观 AI 应用场景，帮助其了解实际工作中的伦理规范。学生还可参与企业项目，为企业提供 AI 伦理风险评估报告。

最后，举办校园"AI 伦理挑战赛"，设置 AI 伦理辩论、案例分析等竞赛项目。各小组选派代表参赛，在竞赛中深化学生对 AI 伦理的理解，培养学生的批判性思维与团队协作能力，激发学生主动思考如何让 AI 在符合伦理道德的轨道上发展。

价值观：
用姓名读懂时代变迁

在当今社会，姓名作为基础性文化单元，蕴含着深厚意义。教育部在《完善中华优秀传统文化教育指导纲要》中提出"强化家国情怀与人格修养"的要求，为我们剖析姓名文化提供了政策指引。从中华人民共和国刚刚建立时出现的"建国""卫华"的姓名潮，到当下的"子轩""梓涵"的取名热，姓名承载家族的期待与集体的意识。通过"姓名解码→文化透视→价值辨识→身份建构"的路径，教师可以将家国情怀具象化，推动学生理解"君子"内涵从"修己安人"到"责任公民"的现代化转型，培养学生的品德与责任感，从而更好地助力学生的个人成长。

一、班会目标

认知目标： 通过绘制"家谱树"，梳理家族姓名脉络，帮助学生认识到姓名与所处时代背景存在的紧密联系，明确不同时代命名风尚的差异；精准识别不同时代姓名体现的价值取向和家国观念，理解名字如何承载着当时人们对国家、社会和家庭的期望。

情感目标： 从姓名中蕴含的深厚家国情怀里汲取精神力量，激发学生对国家和民族的热爱之情，帮他们培养强烈的社会责任感和担当精神，认同并主动践行君子品德，立志为民族复兴贡献力量。

技能目标： 通过参与情景辩论赛，促使学生锻炼归纳不同观点的能力，学会从独特视角看待姓名文化相关问题。

二、班会准备

物资准备： 学生课前通过采访家庭成员，制作家谱树，用于课上讨论。

场地布置： 在教室前方设置展示区，用于展示学生完成的家谱树等成果；在教室一角设立"历史年表卡片"，呈现 1940—2025 年重大事件时间轴，帮助学生将家族姓名与时代背景建立联系，从而更好地理解不同时期命名风尚的成因。

三、班会主体活动

1. 时代感知：姓名盲盒竞猜（约 5 分钟）

提前收集三代人的典型姓名（如建国、援朝、建军、海峰、志强、子轩、雨桐、昊然），让学生进行年代竞猜，通过姓名里的字推测其所属年代，并提出自己是如何推测出来的。通过提问"名字里藏着怎样的时代故事"，引导学生思考名字所反映出的时代演变。

2. 发展探寻：研讨家谱树（约 15 分钟）

1）家族文化挖掘：收集资料，构建家谱树（约 5 分钟）

在班会前，学生已经收集到了祖辈、父辈的姓名和家族姓名中的故事，并绘制了家谱树。交互式家谱树可以通过个性化方式创建，并包括以下内容：家族几代人的姓名、家族高频字词云（高频字词有"忠""淑""志""梓"等）、命名方式演变路径（从族谱辈分到《诗经》《楚辞》）、时代敏感词（如祖父辈名字中的"建设"对应"一五计划"）。

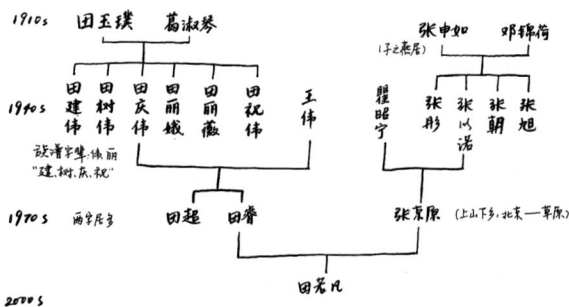

▶ 学生绘制的家谱树

让学生依据自己和小组成员绘制的"家谱树"进行小组讨论分享。

2）多元视角剖析：依家谱树展开分享（约 10 分钟）

让依据自己和小组成员绘制的"家谱树"，探究名字的变化可以给我们带来什么样的启示。每组推选一名代表进行发言。

历史组（铭记历史）：通过找到姓名与历史事件的联系（如"抗美"生于 1953 年、"申奥"和奥运会的关系等），分析家庭成员的姓名是怎样标记国家的重点事件或体现家国情怀的。

文学组（德行追求）：姓名中有长辈对后代君子品性的期待，例如"文彬""淑兰""思危""思睿"中蕴含的对德行的追求。

社会学组（时代镜像）：通过统计各代姓名趋同率，发现其中有集体主义和个性表达的融合。例如，拆解典型姓名的常用字后，可以发现：① 20 世纪 50 年代，"国""华"（家国同构），体现祖辈名字中的家国叙事（抗美援朝时期）；② 20 世纪 80 年代，"鹏""博"（个人奋斗），体现父辈名字中的奋斗烙印（改革开放、科教兴国）；③ 21 世纪 10 年代，"安""宸"（文化寻根），体现"00 后"名字中的诗意追求与文化寻根。

此环节旨在借由姓名这一独特视角，引领学生深入探寻家族文化与家国历史的紧密关联。前期的文化溯源促使学生主动挖掘家族姓名背后的故事，培养其自主探究精神。多元视角让不同小组从历史、文学、社会学的维度剖析，锻炼学生的分析、归纳能力，强化其对家国情怀、时代精神的认知，在传承家族文化的过程中厚植爱国情怀。

3. 文化思辨："梓涵"是文化传承还是盲目跟风（约 10 分钟）

情景辩论赛：围绕"'梓涵'盛行是文化传承还是盲目跟风"展开激烈辩论。

正方主张"文化传承"的观点，指出"梓""涵"等字源于传统文化，"梓"象征栋梁之材，"涵"蕴含包容的美德，都是对汉字美学的传承，能够彰显长辈对文化底蕴的追求，《诗经》等古籍便是例证。同时，长辈借名字寄托期望，从过去的"建国"到如今的"梓涵"，情感寄托的内核未变。

反方则主张"盲目跟风"的观点。2023 年统计显示50% 的新生儿名字集中在常见的 20 个字里，例如某取名App 中"梓涵"的使用率达同期新生儿的 7%。这反映出长辈缺乏独立思考，被商业与社交平台左右的现象。而且多数长辈选"梓涵"只因"好听"。在某小学班级里，超过 70% 的学生说不清自己名字的含义。此外，影视剧与网红经济也催生出取名产业链，商业资本将文化传承异化为消费符号。

该环节旨在通过辩论，使学生深度思考姓名文化，让学生在正反观点的碰撞中，剖析名字背后的文化传承与时代变迁，提升对文化内涵的理解。教师还可以引导学生理性看待文化现象，避免盲目跟从，在传承文化时保持清醒认知、领悟文化传承的真谛。同时，该环节还让学生认识到姓名只是一个符号，更重要的是要用自己的行为为自己的姓名添加注脚。

4. 美德践行：36.5℃班级守望周计划（约10分钟）

1）自我美德提炼：拆解我的君子基因（约5分钟）

学生聚焦自身名字展开深度挖掘，通过汉字溯源等方式，概括出自己名字蕴含的两种美德。例如"宇轩"，"宇"有广阔之意，象征着胸怀宽广，包容万物；"轩"常含气宇轩昂之意，寓意着自信大方，仪态不凡。学生们经过拆解，从"宇轩"这个名字中提炼出胸怀宽广、自信大方这两种美德。随后，学生们制作"君子手环"，将这两种美德写在特制的手环上，以此自勉，让君子品格融入日常生活。

2）日常美德实践：班级守望周计划（约5分钟）

制订班级守望周计划，旨在将君子美德融入日常行动。学生们依据从自己名字中提炼的美德，如谦逊、友善、负责等，在一周内完成 5 次具象化实践：谦逊者主动为同学让座，友善者每天向他人微笑问好，负责者认真整理教室图书角……大家用实际行动相互守望，让美德在班级中生根发芽，营造积极向上的氛围。

"嘉"：美好、善良组。

小组计划：① 每天在班群分享一个正能量语录

② 整理自己笔记，与小组同学分享

③ 组织一次"夸夸会"互相发现对方优点。

▶ 学生制订的班级守望计划

四、讨论与反思

在班会中，学生能够参与多个环节：从姓名盲盒开启对时代的探索，到小组研讨、挖掘家族姓名内涵，再到辩论赛剖析文化现象，以及制订班级守望周计划践行美德。名字，是我们人生的起点，也是时代的注脚。它见证了家国的变迁，传承着民族的精神。希望学生们不仅读懂自己名字的含义，更能从姓名的时代印记中汲取力量，以家国为己任，做新时代的君子，在新时代里镌刻下属于自己的独特印记。

五、延伸活动

1. 家族文化传承：进行家史访谈，记录取名故事

　　家史访谈是一次深入家族记忆的温暖之旅。长辈为我们取名时，往往融入了家族传承已久的家训和期望。通过与长辈促膝长谈，我们能了解到自己名字背后蕴藏的内涵。这些故事是家族精神的宝藏，将其记录下来不仅能让我们更加珍视自己的名字，也能让家族文化在文字中延续并传承给下一代。

2. 城市文化洞察：拍摄里弄门牌，探寻姓氏变迁

　　城市的里弄门牌是姓氏文化的无声见证者。不同姓氏聚集形成的里弄，随着时间的推移，反映出人口迁徙、家族兴衰等文化变迁。学生拿着相机去拍摄里弄门牌，记录下这些姓氏的分布和变化，能直观感受到家族在城市发展中的印记，了解地域文化与姓氏文化的交融。这不仅是对姓氏文化的探索，也是对城市历史的一次深度挖掘。

禁毒教育：
揭秘"伪装者"

毒品是全球性公害，严重威胁个人健康、社会安定及国家经济发展。当前，新型毒品层出不穷，伪装成"潮流商品""日常用品"，隐蔽性强且对青少年更具诱惑力；网络更成为毒品交易的温床与信息传播渠道，极大地增加了青少年的涉毒风险。

青少年正处于充满探索欲与好奇心的阶段，但普遍缺乏对毒品危害的深度认知，易受不良诱导，甚至可能因追求刺激或盲目效仿而误入歧途，亟待通过系统性教育强化防毒意识。

一、班会目标

认知目标： 认知毒品类型、成瘾机制及危害，普及禁毒法律，明确吸毒、贩毒的法律后果。

情感目标： 珍视生命，正视毒品威胁；强化社会担当，主动参与禁毒行动。

技能目标：通过情景模拟提升学生辨毒能力，增强自护意识，掌握理性拒毒技巧（如查细节、冷拒绝、巧脱身）。

二、班会准备

物资准备：PPT 课件、情景剧表演相关道具、定制横幅、禁毒宣誓词。

场地布置：桌椅围绕教室一圈摆放，中间留出空地便于情景剧表演。

三、班会主体活动

1. 打破对"吸毒无害"的幻想（约2分钟）

展示暑假热播剧《边水往事》中吸毒者小樱的剧照（干净唯美），从学生感兴趣的角度引导他们思考真正的吸毒者是怎样的状态，然后展示几张真实的吸毒者照片（消瘦、溃烂、流脓、焦黑、残牙），引导学生通过这节班会课了解毒品的"糖衣伪装"，看清它腐蚀生命、摧毁家庭的本质。

2. 毒品常识我知晓（约6分钟）

1）揭秘毒品危害（约4分钟）

学生小组讨论，交流毒品危害：长期吸食会出现中毒症状，引起并发症——影响大脑中枢神经，产生幻觉，出现记忆力减退或精神障碍；影响泌尿系统，严重的会产生血尿，带来肾衰竭；导致心肺系统功能衰退，严重的会发生猝死。吸食毒品会耗费大量金钱，很多人为了筹集吸毒的费用倾家荡产，还有人铤而走险，违法犯罪、无所不为，危害社会、伤及他人。

2）了解毒品类型（约2分钟）

政治课代表介绍法律规定中常见的毒品种类：根据《中华人民共和国刑法》（以下简称《刑法》）第三百五十七条的规定，毒品是指鸦片、海洛因、甲基苯丙胺（冰毒）、吗啡、大麻、可卡因以及国家规定管制的其他能够使人形成瘾癖的麻醉药品和精神药品。

近年来出现了很多新型毒品和毒品的"伪装者"。

3. 抵制毒品我最行（约25分钟）

1）介绍规则（约2分钟）

小明是一名普通学生，他的任务是闯过三关，不沾染毒品；4位学生扮演毒贩，他们知道彼此的身份，并且提前做了精心准备，他们的任务是使小明染上毒瘾；2位学生扮演良民，他们互相不知道身份，也不知道谁是"毒贩"；2位学生扮演观察员，负责记录剧情中小明与毒贩互动中的可疑细节，并在揭秘环节分析陷阱漏洞。

2）"闯关活动"主要情节（约 12 分钟）

场景一：进口"能量水"陷阱

时间：上午 10 点

地点：篮球场

人物：小明、毒贩 1（伪装成外校学生）、毒贩 2（假装围观路人）

毒贩 A（穿着潮牌球衣，主动加入打球）："哥们儿，你们队缺人吗？带我一个呗！"（通过打球拉近距离）

打完球后，毒贩 1 擦汗喘气："这天太热了！我这有瓶进口"能量水"，给，喝了特解乏！"（递出伪装成运动饮料的含毒液体）

毒贩 B（突然插话）："这牌子我喝过！上次考试前喝了一瓶，通宵复习都不困！"（制造从众心理）

小明（接过进口"能量水"）："好啊，谢谢哥们儿！"

场景二："彩虹跳跳糖"陷阱

时间：下午 3 点

地点：商场某网红奶茶店

人物：小明、毒贩 3（伪装成店员）、良民 A（同学）

毒贩 C（热情推销）："同学，扫码关注我们店抖音号，免费送'彩虹跳跳糖'一包！现在年轻人都在玩这个！"（递出包装上印有卡通图案的毒品）

良民A（皱眉提醒）："这包装上怎么没生产日期？抖音号也才注册3天……"

毒贩C（故作委屈）："这是新品试吃，好多网红都推荐了！你们看这留言——吃一口嗨到天亮！"（展示伪造的社交媒体评论）

小明："好啊，我尝尝！"

场景三："提神口香糖"陷阱

时间：傍晚6点

地点：游戏厅

人物：小明、毒贩4（伪装成游戏高手）、良民2（保安）

毒贩D（拿着游戏币套近乎）："兄弟，我看你《王者荣耀》段位挺高啊！帮我代练个账号，报酬是这盒'提神口香糖'！"（递出含甲基苯丙胺的毒品）

小明："不用了，我自己账号都玩不过来。"

毒贩D（压低声音）："这可是'职业玩家专用'！你试试，保证操作反应快10倍！"（贴近耳边引诱）

良民B（保安巡逻）："那边穿黑衣服的！你上周是不是来兜售过'游戏外挂'？"（暗示毒贩前科）

小明："你走吧！"

3）揭秘与反思（约8分钟）

请学生相互讨论，然后请扮演毒贩的同学和观察员揭晓真相。

步骤一：毒贩自曝"套路"

毒贩A："我来揭秘篮球场上进口'能量水'的陷阱。这瓶根本不是运动饮料！瓶身标签是伪造的，里面添加了 γ - 羟基丁酸（俗称'听话水'），喝下后会意识模糊、任人摆布，甚至被性侵或抢劫！

毒贩C："我来揭秘奶茶店里'彩虹跳跳糖'的陷阱。这些'彩虹跳跳糖'含有合成大麻素，吸食会引发心跳过速、幻觉，甚至导致跳楼等极端行为！其卡通包装专门针对未成年人设计。"

毒贩D："我来揭秘游戏厅'提神口香糖'的陷阱。这其实是'冰毒口香糖'，嚼一片就会高度兴奋，但长期使用会导致脑萎缩、牙齿脱落——电竞选手因它手抖到握不住鼠标！"

步骤二：观察员展现"陷阱漏洞"

观察员A："第一个的破绽是，进口'能量水'瓶身无生产批号，扫码显示'非商品条形码'。"

观察员B："第二个的破绽是，'彩虹跳跳糖'包装背面印有'非食用'小字，抖音号粉丝数仅为个位数。"

观察员A："第三个的破绽是，口香糖锡纸包装粗糙，背面成分表写着'苯丙胺类化合物'。"

步骤三：真实案例冲击，播放 30 秒新闻片段

案例 1： 高中生误食"彩虹跳跳糖"后跳河溺亡。

案例 2： 电竞少年代购"提神口香糖"被判贩卖毒品罪。

4）我该怎么办（约 3 分钟）

请学生们讨论、思考：如何才能尽量减少接触毒品的机会？

不要随意进入鱼龙混杂的娱乐场所，不要随意接受陌生人提供的香烟、饮品、食物等。

慎交友，不把不检点的"明星"吸毒行为当时髦予以效仿。

学习毒品预防常识，提高辨别能力；针对网络内容，学会鉴别谣言。

明白毒品透支身体的本质，坚决克服对毒品的好奇心。

如果有陌生人纠缠，要尽快远离，并拨打求助电话。

4. 签名宣誓表决心（约 3 分钟）

每年的 6 月 26 日是"国际禁毒日"，根据我国相关法律法规，吸毒违法、种毒必究、贩毒严惩，让我们珍爱生命、远离毒品，共建"健康无毒"家园。请同学们集体宣誓，并在"全民禁毒　健康生活"的横幅上签字。

◀ 禁毒横幅

四、讨论与反思

本次"禁毒"主题班会以禁毒教育为核心，通过情景模拟、案例剖析与互动实践，构建了多维度的教育框架。其设计亮点在于将抽象的法律知识、生物学毒品成瘾机制与青少年生活场景深度融合，例如在"闯关活动"中模拟篮球场、奶茶店等场所的毒品陷阱，有效提升了学生的代入感和警惕性。观察员角色与"反套路三步法"的引入，不仅强化了批判性思维，还提供了可操作的拒毒技巧，兼顾认知与行动的双重目标。

五、延伸活动

（1）禁毒知识竞赛：印制试卷，举行禁毒知识 50 题竞赛。

（2）争做禁毒宣传大使：鼓励学生们绘制小报，介绍常见毒品的外观和危害、相关法律法条、禁毒英雄，向家人、朋友宣传禁毒知识。

依法治国：

法庭辩论校园霸凌事件

在新时代背景下，全面依法治国要求切实加强青少年法治教育，培养具有法治意识和法治精神的年青一代。中学生正处于价值观形成的关键时期，开展生动活泼、贴近实际的法治教育活动，能够有效提升他们的法律素养，增强他们的自我保护能力，促进他们的健康成长。班会选取热播法治题材电影《第二十条》中关于校园霸凌及正当防卫的片段作为切入点，结合法庭辩论的形式，让学生通过直观、深刻的体验，在参与中学习法律知识，增强法律意识，更好地保护自己和约束自己的行为。

一、班会目标

认知目标：使学生了解全面依法治国的基本方略，了解法律常识和重要的法律法规，以及正确认识校园霸凌现象及正当防卫。

情感目标：通过辩论活动，增强学生对社会主义法治的认同感，使学生树立正确的权利义务观，让学生在实践中体会如何正确尊重和倾听对方的意见。

技能目标：提高学生运用法律思维分析问题、解决问题的能力，使其学会用法律武器保护自己和他人的合法权益。

行为目标：激发学生遵纪守法的自觉性，培养学生良好的法治行为习惯，让其做知法、懂法、守法的好公民；引导学生在受到不法侵害时能够正确处理问题，勇于保护自己的合法权益。

二、班会准备

1. 材料准备

精选片段：从电影《第二十条》中精选几个与中学生生活紧密相关且具有教育意义的片段，如正当防卫、校园霸凌等片段，用于引入话题和讨论。

案例资料：收集并整理近年来发生在中学生身边的真实法律案例，特别是那些涉及校园霸凌、正当防卫等方面的案例，作为辩论的素材。

2. 场地布置

法庭布置：将教室布置成模拟法庭的场景，包括审判席、原告席、被告席、旁听席等区域；可以使用简单的道具或标识牌来区分不同区域，营造出庄严而正式的氛围。

环境营造：播放全面依法治国宣传短片；在教室四周张贴法律标语或宣传画，进一步强调法治教育的重要性。

角色分配：司法程序由于具有很强的专业性，因此不作为中学生法治教育的重点，这里对法庭角色进行简化：设置 5 名学生组成合议庭，设置 4 名学生作为控方（控诉被告人有罪），设置 4 名学生作为辩方（辩护被告人无罪或轻罪）。

三、班会主体活动

1. 开场导入（约 5 分钟）

播放电影《第二十条》精选片段，即韩雨辰制止校园霸凌行为的场景，迅速吸引学生的注意力。播放完毕，教师提出引导性问题："如果你是韩雨辰，你会怎么做？这样的行为是否触犯了法律？"引发学生思考和讨论。

2. 法律小讲堂（约 10 分钟）

首先，教师介绍我国全面依法治国的总方略，讲解什么是依法治国，为什么要依法治国，以及在全面依法治国的要求下，我们应该怎样做。

随后，教师深入浅出地讲解与电影片段相关的法律知识，如《刑法》中关于故意伤害、正当防卫的条款和《未成年人保护法》等相关法律法规及其应用。

最后，教师设置几个与讲解内容相关的小问题，采用抢答或小组讨论的形式进行互动，鼓励学生积极参与互动并分享自己的理解和看法。教师对于回答正确的学生给予小奖励（如法律书籍、学习用品等），以激发学生的学习兴趣和积极性。

3. 模拟法庭辩论（约20分钟）

1）分组准备（约5分钟）

教师按照前述角色分配的要求，将学生分成不同的小组，每组13人（可根据班级具体人数进行调整），并引导学生按照角色职责进行排练和准备。教师进行指导，解答疑问并提供必要的帮助。扮演审判人员的同学要理解司法判决的依据。扮演控方的同学要关注犯罪事实及法律条文的适用性，还要关注被告人的行为是否符合犯罪的构成要件。扮演辩方的同学要关注"责任阻却事由"，即被告人的行为即使具备了构成要件的违法性，但如果存在责任阻却事由，仍不能构成犯罪，本案中的"责任阻却事由"即为正当防卫。

2）法庭辩论（约6分钟）

　　各小组依次上台进行模拟法庭辩论展示。双方辩论仅就法律事实展开，不对程序、证据等进行讨论。在展示过程中，教师鼓励参与辩论的学生尽量使用法律术语和专业表达方式进行辩论和陈述。其他学生则扮演旁听人员认真聆听并做好记录，以便后续点评时使用。法庭辩论采用辩论赛的形式，控方组由一人进行整体陈述，辩方组由一人进行整体陈述。之后进行自由辩论。最后，控方组由一人进行总结发言，辩方组由一人进行总结发言。在辩论过程中，教师要向学生强调遵守良好的发言纪律，不要随意打断对方说话。

◀ 法庭辩论

3）交换角色（约6分钟）

　　辩论结束后，控辩双方随即交换角色，再次进行法庭辩论。此举意在让学生体会不同的辩论立场，从而体会法律是如何达到公平正义的。

4）现场点评（约 3 分钟）

每场法庭辩论结束后，由组成合议庭的学生投票，当场判定控方或辩方其中一方获胜。教师对学生们的表现进行鼓励和简单点评。

四、讨论与反思

该主题班会通过模拟法庭这一新颖多样的形式激发学生的学习兴趣和参与热情，使得法治教育更加生动有趣且深入人心。学生在参与过程中不仅学习了丰富的法律知识，而且提高了运用法律思维分析问题、解决问题的能力，更在情感上对法律产生了敬畏和认同。更重要的是，该主题班会让学生在实际生活中学习了如何运用法律武器应对校园霸凌等事件，进而保护自己的合法权益。由于时间所限，该主题班会只是重点讨论了《刑法》相关内容，对于其他法律未有涉及。

1. 校园霸凌

教师组织学生讨论什么是校园霸凌行为，引导学生得出结论：校园霸凌不仅是行为上的暴力，语言暴力及精神虐待同样是校园霸凌行为。

2. 应对策略

教师要引导学生思考《刑法》为什么要设置正当防卫的条款，正当防卫的构成要件是什么，以及为什么要对构成正当防卫的行为进行严格的要求，从而引发学生对于公力救济和私力救济的思考。教师还要鼓励学生正确处理校园霸凌事件，同时敢于和不法行为做斗争；引导学生严格要求自己，不对其他同学造成霸凌。

3. 救济手段

教师要组织学生讨论，在受到不法侵害时，通过什么样的方式寻求帮助；如果由于害怕报复而隐忍，会有什么样的后果。

4. 法律的作用

教师要组织学生讨论为什么有时检方会起诉一个"好人"，以及为什么有时我们还要为"坏人"进行辩护，从而引发学生思考为什么既要追求实体正义，也要追求程序正义，让学生体会《刑法》不仅有惩罚犯罪的作用，也有保护人权的作用。

五、延伸活动

1. 法治作业

布置一次特殊的法治作业，要求学生回家后查找一个与自己生活相关的法律案例，对其进行分析，并撰写一篇简短的案例分析报告。该报告应包括案例背景、法律问题、分析过程、结论及启示5个部分。优秀作品将在班级内展示，并被推荐给校级评比活动。

2. 法治宣讲团

成立班级法治宣讲团，由对法律有浓厚兴趣的同学组成，并定期开展法治宣讲活动，该宣讲团向全校师生普及法律知识、传播法治理念。宣讲内容可以涵盖校园霸凌防治、网络安全教育、知识产权保护等多个方面，形式多样，包括但不限于讲座、演讲比赛、情景剧表演等。

3. 家庭联动

通过家校联系册或家长会等形式向家长宣传法治教育的重要性和方法建议。家长与孩子一起观看《第二十条》等法治题材的电影或纪录片，共同讨论影片中的法治问题，在增进亲子关系的同时，促进家庭法治氛围的形成。此外，还可以鼓励家长与孩子共同制定家庭法治公约，明确家庭成员的权利和义务，共同维护家庭的和谐稳定。